プロローグ　「ブロディが死んだ」という奇妙なウワサ

いまから30年前の7月18日、〝あなた〟はどこにいて、そのニュースを耳にしたのだろう――。

1988年（昭和63年）7月18日は月曜だった。7月17日（現地時間）の日曜の午後から夜にかけてアメリカじゅうのプロレスラーとプロレス関係者、プロレスファンのあいだでまたたく間に広まったそのウワサは――アメリカと日本の時差の関係から――17日の日曜の深夜から18日の月曜の早朝にかけて、アメリカ側の複数のソース（情報源）から日本のプロレス団体関係者、選手、マスコミ、そしてプロレスファンへと伝わった。

それは「ブルーザー・ブロディが死んだらしい」という奇妙なウワサだった。インターネットもメールもなかった時代の地球上でいちばん速くて確実なコミュニケーション・ツールは電話だった。だから、とにかくだれかに電話をしてその怪情報がほんとうかどうかを確認するか、そうでなければ電話の向こう側にいるその人物から、もっとくわしい事情を知っていそうなほかの人物の電話番号を教えてもらうしかなかった。

筆者――この本ではぼくは〝ぼく〟を筆者と表記する――は、7月17日の日曜の夜、テキサス州ダラスのホテルにいた。翌18日にはテネシー州メンフィスに移動して、ジェリー〝ザ・キング〟ローラー対ケリー・フォン・エリックのAWA世界ヘビー級王座&WCCW世界ヘビー級王座のダブル世界タイトルマッチを取材する予定だった。

たまたまほかの用事があって、こちらから電話をしたミネソタの友人の口からそのウワサを最初に聞いたのは、たしか夕方の5時ごろだった。はじめは半信半疑だったけれど、ひょっとしたらと思った筆者は、念のため、それから2時間くらいのあいだにアメリカ各地のプロレス関係者、プロレスラーの知人たちにかたっぱしから電話をかけてみた。

日曜の夜だというのにほとんどの番号が〝話し中〟になっていた。何度か同じ番号をダイヤルしてみて、相手がようやく電話口に出てくると、その第一声は異口同音に「ユーも聞いたか？」だった。ウワサはどうやらほんとうだった。その時点でわかっていることとわかっていないことを報告するため、筆者は午後11時過ぎ（日本時間は翌18日、月曜の午後1時過ぎ）に週刊プロレス編集部にも電話を入れた。

週刊プロレスの1988年8月2日号（7月21日発売＝No.268）の巻頭特集記事にはその日の編集部の様子がくわしく書かれている。ターザン山本編集長（当時）が執筆した原稿からいくつかのポイントを抜粋して引用する。

プロモーターとのトラブルか…
ブロディがプエルトリコで死す！

あのブルーザー・ブロディがプエルトリコで死んでしまった。7月16日、午後7時半（現地時間）、プエルトリコのバイヤモン、フォアン・ラモン・ルブリエル球場でホセ・ゴンザレスにナイフで3回（2回腹部、1回胸部）刺され、セントラル・メディカル病院に入院。17日、朝5時半手術中に死亡した。

ブロディの死で編集部内は
その時大混乱におちいった

7月18日の正午過ぎ、突然全日本プロレスからファックスが届いた。それを見た安西記者は、「大変だあ～、ブロディが死んでしまった！」

その声は本社ビル3階にとどろきわたった。（中略）

そのニュースがはいってきた時、今週号は90パーセントできあがっていた。あとは巻頭記事を入稿すればいい状態であり、ゴールはそこまで見えていたが、ブロディの死によって、すべてやり直しとなる。

最初にとりかかったのが表紙の差し替えだった。なにしろ今週号の表紙は、G・馬場であり、コピーは、「みんなで選ぼうハンセン対ブロディ戦。8・29日本武道館はこのカードでいいですね」というものだった。それに対して馬場が左手を前に出し「オットトトト…」と答えている。つまり、8月29日、日本武道館で全日本プロレスは「サマーナイト・オールスター・ウォーズ」と銘打ってビッグマッチを開催する計画をしていた。(中略)

久し振りにG・馬場が週プロの表紙を飾るはずだったが、ブロディの死によって幻となる。印刷所に連絡し、表紙の差し替えは可能かと電話したところ「可能」という。いや、こういう時は「不可能」でも可能にさすのが、我々の仕事である。編集部の中は一気に騒々しくなる。驚くものもあれば、がっくりしたものもいる。(中略)

大きなショック受けた馬場
8・29ファンの夢はむなし

(中略)8・29日本武道館の真夏の夢は、大幅に修正させる必要が出てきた。ブロディは8月20日から始まる「サマーアクション・シリーズ・2」の主役レスラーだった。ブロディはそれだけでは終わらない。

外人《ママ》レスラーの主軸としてさらに大きな期待がかかっていた。ある部分ではブロディを中心に回転していく……そんなムードさえあった。

群れになじもうとしない男は、それだけで強烈な光を放っている。今後、あらゆるレスラーとのシングルマッチが、夢として成立する。ブロディならそれが可能なのだ。

馬場にとって大変な人材を失ったことになる。その損失はコトバで言い尽くせない。

たしかに最近のブロディは頭に白いものが目立つようになってきた。

しかし、ブロディに年齢は関係ない。強い精神力で自分を押し通すタイプである。

これからが本領を発揮する時であり、このことは馬場が最もよく知っていた。（中略）

おそらくブロディの死の知らせは一瞬のうちに全世界のマット界に広がったことだろう。

というのは、斎藤文彦記者は所用でアメリカに行っていたが、テキサスから国際電話をかけてきた。全日本プロレスからファックスが届いた1時間後である。

彼もアメリカでそのニュースをキャッチしていた。そういえば斎藤記者がブロディにインタビューした最後の記者である。

その直後、さらにUWFの格闘王・前田日明からも、ブロディの死について電話があった。各方面に大きな衝撃を与えたようだ。（中略）

一人息子のジェフリー君を
溺愛していたブロディだが

（中略）ブロディは最後までバーバラ夫人とジェフリー君をマスコミに登場させなか

った。

「それだけは勘弁して欲しい。ビジネスとプライベートは別だ。私がこの世界を引退したら載せてもいい」

ブロディはそういって、各社の記者に頭を下げていた。

作家の村松友視氏。村松氏も大のブロディファンであり斎藤文彦記者による例のインタビューを「面白いね。独善的な理論には感心した」と語っていた。（中略）

たしかにブロディは変わったレスラーだった。絶対に自説を曲げない。自己の主張だけを延々と語り出す。それはブロディにだけ可能な情熱といえた。そのため猪木でさえ「自分の物差しでしか物を考えない人間」と評した。それほど自我の強いレスラーだったのだ。そのためトラブルも多かった。（中略）

だから「悪いことがなければいいが…」というのは、ブロディを知るものにとっては潜在的な予感としてあったようだ。今回の「ブロディ、死す」のニュースを聞いて「やっぱり」と思った関係者は意外と少なくない。

ブロディの自己主張を通す精神が、死という悲劇を招いたという説もあるほどだ。

といっても、なぜブロディがホセ・ゴンザレスに刺されなければならなかったのか？

その真相については現時点では、何もわからない。ホセ・ゴンザレスはおとなしいレスラーだった。

数年前に、ブロディとゴンザレスが親しくしゃべっている姿を目撃していた記者もいる。

日本には全日本プロレス（2回）と新日本プロレス（1回）にそれぞれ来日している。ブロディはファンに刺されたのではない。関係者に刺されてしまったのだ。

ここにこの事件の複雑さがある。人はブロディのことを〝トラブルメーカー〟と呼ぶがブロディは理にあわないことはしない（中略）。

そのためブロディは仲間のレスラーから〝変人〟といわれ、いつも孤立していた。それでもブロディは商品価値が高く、プロモーターはブロディを使わざるをえない。このへんにもトラブルが起きる要因があったといえる。（中略）

インテリモンスターの野望
ブロディ革命はいまいずこ

（中略）この野心の象徴があの〝ブロディ革命〟という言葉になってあらわれたが、ブロディにはスタン・ハンセンという強烈なライバルがいた。ハンセンは新日本プロレスで急激にスター街道をまっしぐらに歩んでいた。

ハンセンのキャラクターは開放的で明るく、ブロディのファイトはどこか暗さがあ

り、この一点でハンセンに一歩、先を走られてしまう。（中略）
ハンセンが全日本プロレスに移ったのは、昭和56年12月だった。これから先ブロディはハンセンとのコンビで無敵を誇る。
しかし、ここでもハンセンが主役であり、ブロディは脇役にまわる。どうしても壁が破れないのだ。それは先にも述べたように明るさと暗さの差だった。（中略）
それは昭和60年の4月、新日本プロレスに移った時であり、この時ブロディは〝主役〟の座におどり出る。猪木との死闘は数々の名勝負となって展開していった。（中略）
新日本プロレスを生き返らせたブロディも、やがてその新日本プロレスと衝突し、ついには決定的な決別を迎えることになる。
ブロディは予想もしなかった怪物だった。インテリ・モンスターとは、よくいったものである。
新日本プロレスと決別したブロディに声を掛けたのがG・馬場である。
今度は、馬場がブロディを救った。こうなると今度はブロディが馬場に恩返しをする番である。ブロディもそのつもりでいた。（後略）

7月18日の月曜の午後の時点で急きょ写真とコピー、デザインが差し替えとなった週刊プロレス8月2日号の表紙には大小のこんな見出しが躍っていた。
「ブロディ、死す！」（大コピー）
「大ショック。ブロディ殺さる！」（上段帯コピー小）
「7月16日、午後7時半（現地時間）、
ブエルトリコのバイヤモン
ロブリエル球場でホセ・ゴンザレスに
ナイフで3回、刺されて
同17日、朝5時、手術中に死亡」（写真ヨコ小コピー）

どうやら、ブルーザー・ブロディが突然、われわれのまえから姿を消してしまったことだけは事実だった。ブロディの試合はもう二度と観ることはできないし、死んでしまったということは、もう会うことはできないということだ。現実だとはわかっていても、まったく実感がわいてこなかった。その感覚はあれから30年がたったいまも変わらない。

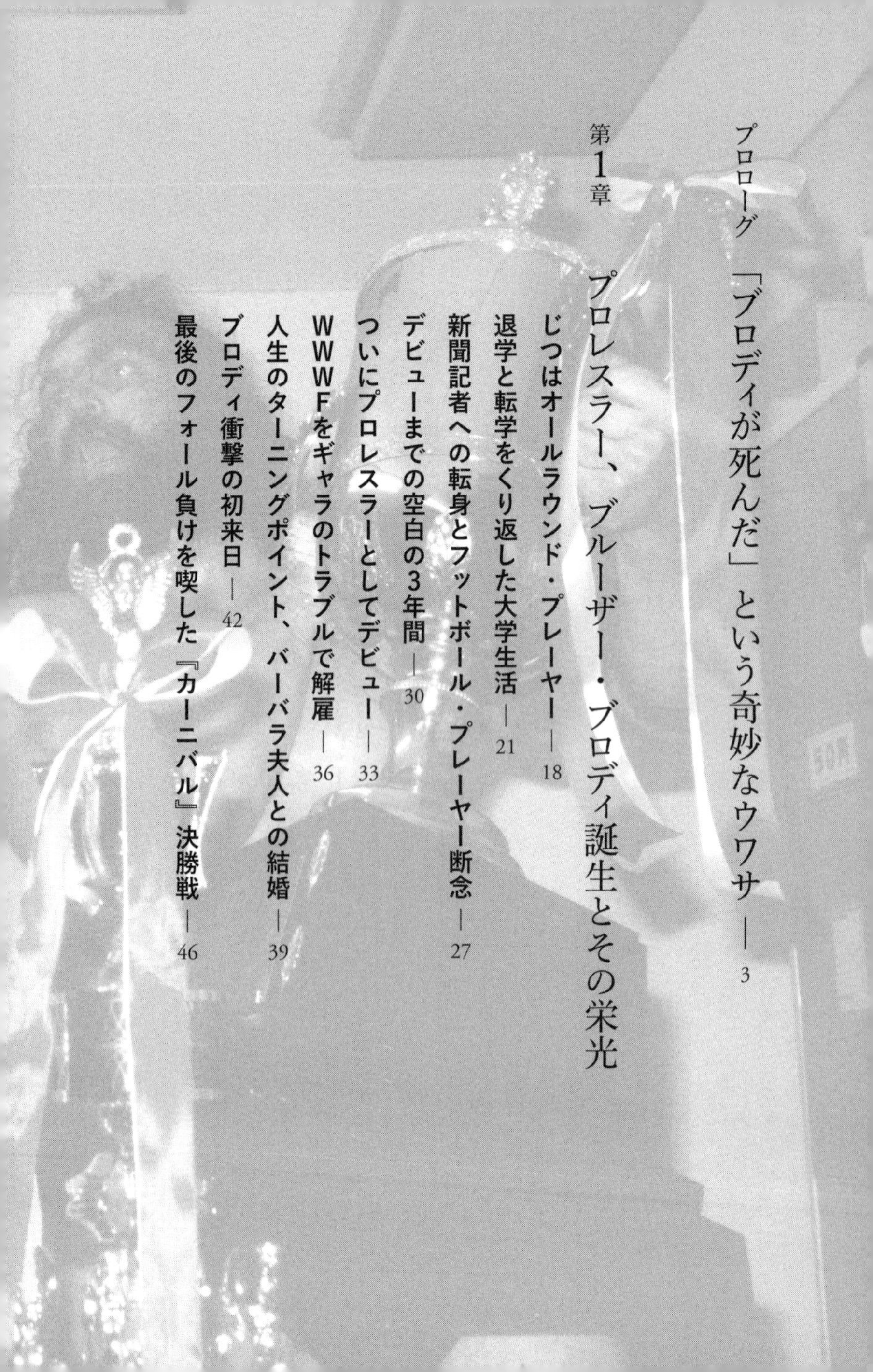

第2章

フミ・サイトーが見たブロディという人物

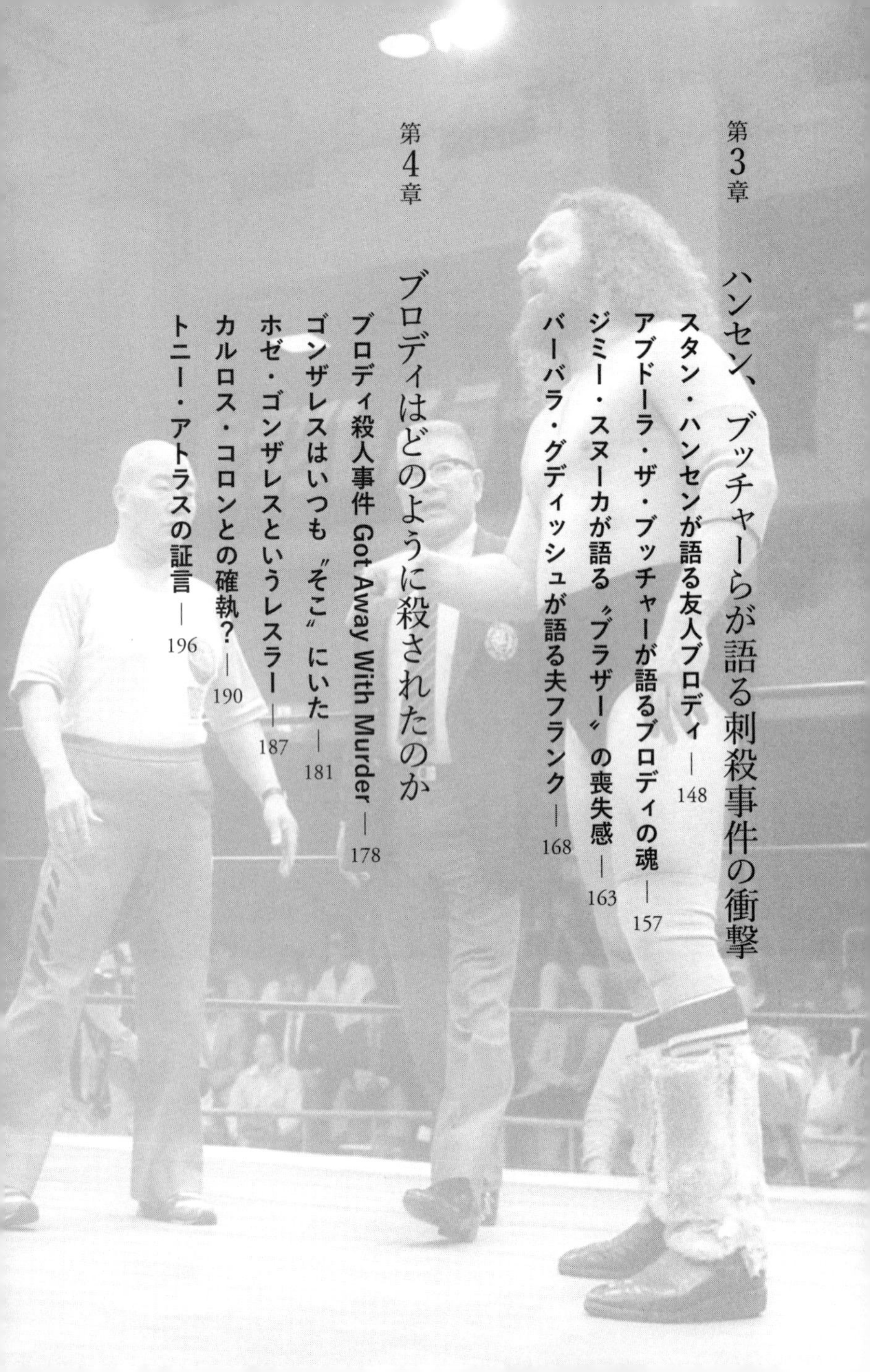

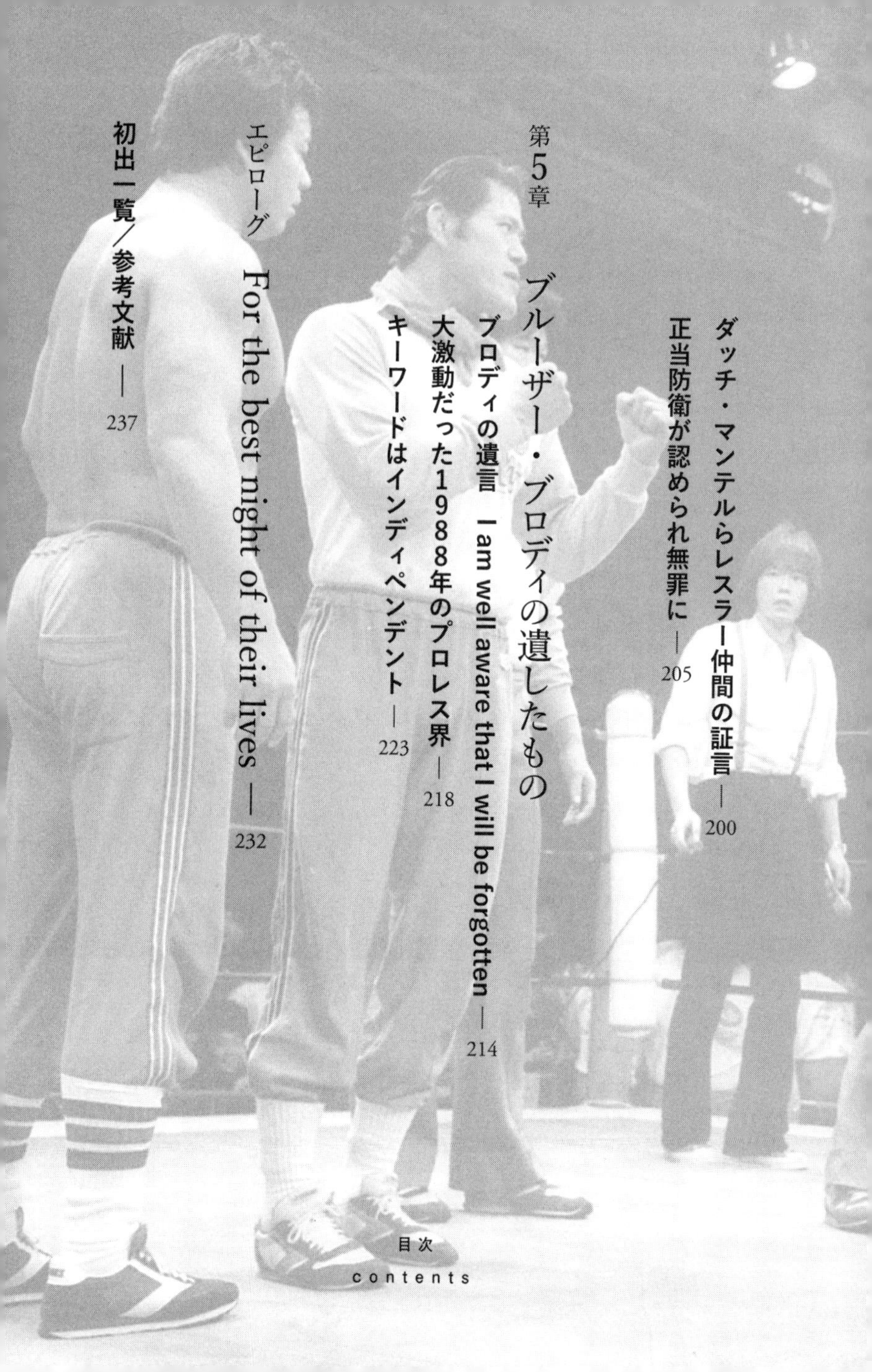

目次
contents

南に-14
清酒 神聖
南に-15
清酒

第1章

プロレスラー、ブルーザー・ブロディ誕生とその栄光

じつはオールラウンド・プレーヤー

ブルーザー・ブロディとはいったいどんなプロレスラーだったのか。

日本におけるニックネームは〝超獣〟〝インテリジェント・モンスター〟。〝ブロディ革命〟というキャッチフレーズも、ニックネームの一種といってもいいかもしれない。

身長6フィート6インチ（約198センチ）、体重280ポンド（約127キロ）。完全無欠の必殺技はキングコング・ニードロップ。ゴリラスラムとも呼ばれたワンハンド式のボディースラム、相手をロープに振ってのカウンターのドロップキック、ビッグブーツ、トップロープからダイビングしての手刀（チョップ）、大きなモーションからのバックハンド・チョップが定番ムーブ。助走つきのフライング・ボディープレス、斜めに落とす変形のブレーンバスター、パイルドライバーやジャイアントスイングもフェイバリット技として愛用していた。

トレードマークは肩まで伸ばしたダークブラウンのカーリーヘア、長いあごヒゲ、毛皮のベストと毛皮つきの黒革のブーツ。そして入場シーンで観客席になだれ込んでいって振りまわす金属製のチェーン。タイツはいつも無地の黒のショートタイツで、フットボール時代からの古傷だという左ヒザにはグレーのサポーターをつけていた。〝Huss, Huss, Huss（ハス、ハス、ハス）〟という動物のような雄叫びは、日本では〝ウォー、ウォー、ウォー〟というカタカナ表記に変換された。

ビジュアル的にはヒール――あるいは怪物――だが、レスラーのタイプとしてはいわゆるヒールのそれではなかった。アメリカン・スタイルのオーソドックスなレスリングの攻防ができた。ホールド技とハイ・インパクト技の〝静〟と〝動〟の緩急のリズムと独特の〝間〟で観客を手のひらに乗せ、対戦相手によって試合の組み立てをいかようにでも変化させつつ、シチュエーションによっては殴る、蹴るのケンカ・ファイト、大流血戦、場外乱闘となんでもこなすオールラウンド・プレーヤーだった。

1946年6月18日、ペンシルベニア州ユニオンタウン生まれ。幼少のころ一家でミシガン州デトロイト郊外ウォーレンに引っ越した。本名はフランクリン・ドナルド・グディッシュ――これまで日本の活字メディアではゴーディッシュ、ゴディッシュとラストネームの表記にばらつきがあったが本書ではアメリカ英語の発音をそのままカタカナ化してグディッシュとする――で、ファーストネームのフランクはフランクリンの愛称。

父フランクリン・シニア、母ミルドレッド（愛称はミリー）、姉ゲイルとふたりの妹グロリアとキャシーの6人家族で、ブロディは4人きょうだいの上から二番め。ファミリーでただひとりの男の子だったというのは、ちょっと意外な感じがする。

１９４６年は第二次世界大戦終戦の翌年で、アメリカでは〝ベイビーブーマー世代〟。日本でいうところの昭和21年生まれはちょうど〝団塊の世代〟にあたる。同い年のアメリカ人には第45代大統領ドナルド・トランプ、第43代大統領ジョージ・W・ブッシュ、スティーブン・スピルバーグ、オリバー・ストーン、デビッド・リンチら映画監督、俳優ではシルベスター・スタローン、トミー・リー・ジョーンズらがいて、プロレスラーではアンドレ・ザ・ジャイアントとディック・マードックが１９４６年生まれだった。

フランク少年が幼少期からハイスクルール時代までを過ごしたウォーレンは〝自動車の街〟デトロイト郊外の工場タウンで、ブロディの父フランク・シニアはゼネラルモーターース関連企業のＲＣ・マホーンズ社という鉄工所に勤務していたが、ブロディが10代のころに大量解雇で失業。その後はバーテンダーとして地元のバーで働いていたとされる。典型的なブルーカラー・ワーカー階層で裕福な家庭ではなかった。

ブロディのハイスクール卒業写真

ブロディはジュニア・ハイスクール、ハイスクールを通じて秋はフットボール、冬はバスケットボールで活躍。地元のコミュニティー・リーグではアイスホッケーもプレーしたが、レスリングをやったことはなかった。ウォーレン・ハイスクールのシニア（3年生）のシーズンにはフットボールとバスケットボールの両スポーツでオール・アメリカン選抜チーム・メンバーに選出され、フットボール奨学金を取得してアイオワ州立大学に進学した。ハイスクールを卒業後、ブロディが——サンクスギビングデーやクリスマスに家族を訪問する以外は——ホームタウンのウォーレンに帰ることはあまりなかった。

退学と転学をくり返した大学生活

アイオワ州立大に在学していたのは1964年の秋から1965年の夏学期までの1年ちょっとで、中学・高校の体育教師になるための教職課程を専攻していた。だが、校内の器物破損（学生寮正面玄関のウインドーを破壊）を理由に退学処分となったという。いったんミシガンに戻ったブロディは、デトロイトのウェイン州立大とサウス・メイコム・コミュニティー大学でソフォモア（2年次）の単位取得を試みたが、どちらの大学もそれぞれ1クォーター（1学期）でドロップアウト。翌1966年春、再びフットボール奨学金を取得してテキサス州アマリロのウエスト・テキサス州立大学に転学した。

ウエスト・テキサス州立大――現在はウエスト・テキサスA&M大学――は、アメリカのプロレス史においてはひじょうに大きな意味を持つ。ドリー・ファンク・ジュニアとテリー・ファンクのザ・ファンクス、ダスティ・ローデス、ディック・マードック（正式に在学していたかどうかについては諸説がある）、スタン・ハンセン、ボビー・ダンカン、ティト・サンタナらがフットボール部に在籍し、青春の一ページを過ごしたキャンパスである。後輩グループではテッド・デビアス、タリー・ブランチャード、マニー・フェルナンデス、バリー・ウィンダムらもこの大学に籍を置いた。

ウエスト・テキサス州立大フットボール・チームの選手紹介パンフレット（1967年版）には「フランク・グディッシュ・ジュニア（転学生）＝ミシガン州ウォーレン出身、ナンバー77」「今シーズンよりセンターからディフェンシブ・ガードにコンバート。先発メンバー」「アイオワ州立大から転学した昨年度はレッドシャート（赤シャツ＝選手登録資格保留）」「身長6フィート3インチ、体重235ポンド、プレー範囲が広く、スピードがあり、腕・肩の力が強い、リカバリー（回復）力は抜群」「教職課程専攻、趣味はウエートリフティングとテニス」といったプロフィールが記載されている。身長6フィート3インチ（約190センチ）、体重235ポンド（約106キロ）という公式データ――21歳のフランク・グディッシュ――はブルーザー・ブロディのそれよりもふたまわりくらいちいさい。

ブロディとハンセンの伝説のタッグチームはウエスト・テキサス州立大フットボール部時代のチームメートだったが、じっさいは同級生ではなくて、年齢では3歳、同大学の学年では2年、ブロディのほうが先輩だった。ふたりが初めて出逢ったのは、ハンセンが高校3年生のときに同大学キャンパスを見学に来て、フットボール選手用のドミトリー（寮）で先輩たちを紹介されたときのことだった。散らかし放題の部屋でごろ寝をしていたブロディは——ハンセンの証言によれば——18歳のハンセンに「よおー」と声をかけたという。

ブロディはウエスト・テキサス州立大もジュニア・イヤー（3年次）の途中にある事件を起こして退学処分になった。この時代に同大学に在籍していた学生たちにとっては有名なエピソードとして伝わっているが、事件のディテールとその解釈が何通りもあって真相はいまひとつはっきりしない。ただし、どのバージョンのストーリーにも共通していることは、ある夜、ブロディがキャンパス内の由緒ある大きな桜の木を斧《おの》で切り倒してしまったという点だ。

いちばんシンプルなストーリーは、学生寮の建物のまえに植わっていた桜の木を切り倒したことでブロディは大学を退学になった、というものだ。もうちょっとだけ起承転結を組み立てることのできる解釈によれば、ブロディは桜の木を切り倒したことで停学処分となり、フットボール奨学金（と選手登録資格）を失い、結果的に大学をやめざるをえなかったとされる。大学側となんらかのトラブルを起こし、フットボール奨学金と選手登録資格をハク奪されたため、怒ったブロディがリベンジのために――監督だかコーチだかが大切にしていた――桜の木を切り倒したとする説もある。

いずれにしても、フットボール奨学金をもらえなければ学費は払えないし、学費が払えなければ大学にもフットボール・チームにもいられない。フットボールができなくなったら、そもそも大学に通う理由なんかない。ブロディは大学生活をプロ・フットボール選手になるための準備、NFLからドラフト指名を受けるための足がかりととらえていたようだ。事件の翌朝、大学側が学生たちを現場に集合させて「いったいだれがこんなことをした?」と説明を求めると、ブロディは堂々と「わたしがやりました」と名乗り出たのだという。テリー・ファンクはこの〝チェリー・トゥリー事件〟をよくおぼえていて「フランクはジョージ・ワシントンのつもりだったのだろう」とコメントしている。

ここでウエスト・テキサス州立大フットボール部からプロレスラーになったおもなメンバーの学年（年齢）とそれぞれが歩んだ道をかんたんにおさらいしておいたほうがいいだろう。このグループでいちばん先輩のドリー・ファンク・ジュニア（1941年生まれ）は1959年から1962年まで在学。父ドリー・ファンク・シニアのコーチを受け、1963年7月にプロレスラーとしてデビューした。1969年2月、ジン・キニスキーを破りNWA世界ヘビー級王座を獲得し、同王座を4年3カ月間にわたって保持。ニックネームは〝グレート・テキサン〟。ジャイアント馬場の全日本プロレス設立にも協力した。

ドリーの弟テリー・ファンクは1944年生まれで、同大学には1962年から1965年まで在籍。1965年、21歳でプロレスラーとしてデビューした。1975年12月、ジャック・ブリスコを下し、史上初の兄弟でのNWA世界ヘビー級王者となった。ニックネームは〝テキサス・ブロンコ〟〝リビング・レジェンド（生ける伝説）〟。沈着冷静な兄ドリーと激情タイプの弟テリーのタッグチーム、ザ・ファンクスは日本でも社会現象的な人気を博し、アブドーラ・ザ・ブッチャー&ザ・シーク、ハンセン&ブロディとの因縁マッチの数かずは日本プロレス史に残る名勝負として語り継がれている。

テリーと同じ1944年生まれのボビー・ダンカンは、1964年から1966年まで同大学に在籍後、1967年のドラフトでセントルイス・カージナルスに入団。翌1968年に24歳でプロレスに転向した。現役時代はNWA各テリトリー、AWA、WWF（現在のWWE）をツアー。日本プロレス、全日本プロレス、新日本プロレスのリングに上がった。元AWA世界タッグ王者（パートナーはブラックジャック・ランザ）。

ダスティ・ローデス（本名バージル・ライリー・ラネルズ）はテリーよりもひとつ年下の1945年生まれで、ウエスト・テキサス州立大ではブロディ（1946年生まれ）より1

年先輩。あまり知られていないエピソードではあるが、キャンパス内のフラタニティー・ハウス（合宿所）でローデスとブロディはルームメートだった。アマリロのバーでバウンサー＝用心棒としていっしょにアルバイトをしていた時期もある。

ローデスは同大学中退後、AFL（アメリカン・フットボール・リーグ）のボストン・ペイトリオッツに入団したが、1967年、22歳でプロレスの道を選択した。ローデスはみずからのプロレス入りの進路について、大学の1年先輩のテリーには相談も協力を求めることもせず、ボストンのインディー団体でデビュー後、ダラスのビッグ・タイム・レスリング（フリッツ・フォン・エリック派）で修行を積んだ。ルーキー時代はディック・マードックとのタッグチーム、テキサス・アウトローズとして活躍。シングルプレーヤーに転向後、NWA世界ヘビー級王座を通算3回獲得。1970年代、1980年代、1990年代のアメリカのプロレス界を代表するスーパースターのひとりで、ニックネームは〝アメリカン・ドリーム〟。1980年代後半からはNWA／WCWのエグゼクティブ・プロデューサーとしてバックステージでラツ腕を発揮した。

スタン・ハンセン（1949年生まれ）は、ウエスト・テキサス州立大に在学後、テキサス大学アーリントン校に転学し、1972年に同大学を卒業。翌1973年にWFL（ワールド・フットボール・リーグ）のデトロイト・ホイールズに入団したが、ドリー＆テリーのファンクスのコーチを受けてフットボールのオフシーズンにプロレスラーとしてデビュー。翌1974年、WFL解散と同時に正式にツアー活動をスタートした。

ブロディとハンセンはウエスト・テキサス州立大在学中、フットボール部のチームメートたちといっしょに毎週木曜の夜、アマリロ・アリーナにテリー・ファンクの試合を観にいっていたという。体格的にはすでにヘビー級の大男たちではあるけれど、まだ二十歳そこそこの大学生だったブロディとハンセンとその仲間たちが、ビールをがぶ飲みしながらテキサスの荒っぽいプロレスを観て大騒ぎしていた光景を想像してみるとおもしろい。

ブロディとテリーは年齢では2歳しか離れていないが、テリーのほうがひと世代上というイメージがあるのは、プロレスラーとしてのキャリアに9年ほどのへだたり――ブロディは1974年4月、ダラスでデビュー――があるためだろう。ブロディとハンセン、ブロディとドリー&テリーのファンクス、ブロディとローデスらがプロレスラーとして再会するのはまだ数年先のことだった。

新聞記者への転身とフットボール・プレーヤー断念

ウエスト・テキサス州立大を退学処分となったブロディは、1968年6月、CFL（コンチネンタル・フットボール・リーグ）のサンアントニオ・トロスの春季キャンプに参加。同年秋の新学期からはサンアントニオのセントメアリー大学に転学し、学生生活を送りつつ、週末だけプロ・フットボール選手としてサンアントニオ・トロスのシーズン・ゲームに出場するという二足のわらじをはくようになった。ＣＦＬはマイナーリーグではあったがメジャーリーグＮＦＬのファームとしての機能も持っていた。

セントメアリー大学に在籍していたのは１９６９年春までの約半年間で、学費が支払えなくなったブロディは同州サンマーコスのサウスウエスト・テキサス州立大に転学したが、この大学も1学期でドロップアウト。サンアントニオ在住のスポーツ・ジャーナリスト、ダン・クックという人物にスカウトされてローカル新聞『サンアントニオ・エキスプレス・ニュース』に就職した。

ブロディがこのときほんとうに新聞記者になろうとしていたのかどうか、ジャーナリストとしての仕事にどのくらいコミットしていたのかは、いまとなってはわからない。『サンアントニオ・エキスプレス・ニュース』スポーツ部でのブロディの業務は電話番と資料・書類の整理だったとされる。それでもブロディのユーモアのセンスとボキャブラリーの豊富さをおもしろがった（？）ダン・クックは、ブロディ——大学中退の23歳——にコラム記事を執筆させるようになった。ブロディはこの時代にサンアントニオに最初の家を買った。

ところが、サンアントニオ・トロスの選手でもあったブロディは、それから数カ月後にモントレー・ゴールデン・アズテックス（メキシコ）というチームにトレードに出された。モントレー・ゴールデン・アズテックスは経営不振から1969年10月に解散。ブロディは、チームメートたちといっしょにテキサスに戻り、ミッドランド－オデッサ・ラフネックスというチームに合流。1970年1月からは、同チームに籍を残しつつ、スポーツライターとしてローカル新聞『ミッドランド・リポーター・テレグラム』にフットボールの記事を書くようになった。やはり、ジャーナリストとしての才能もあったのだろう。

そして1970年夏、ミッドランド－オデッサ・ラフネックスでの試合映像を観てブロディに興味を持ったワシントン・レッドスキンズから招待選手としてプレ・シーズンのサマーキャンプに招集された。ブロディにとっては、ハイスクール時代から待ち望んでいた、NFLのユニフォームを身にまとうチャンスだった。

ブロディはそれから数週間後、ワシントン・レッドスキンズのシーズン開幕ロースターにその名を連ねることなく、サンアントニオに帰ってきた。キャンプ中に首とヒザ――一説によれば肩――を故障したとする説もあるし、プレ・シーズンのキャンプがはじまった時点で開幕ロースターのメンバーはほぼ決定していて、マイナーリーグからの招待選手だったブロディがチーム と正式契約を交わす可能性は当初から低かったとする説もある。メジャーリーグNFLでプレーするチャンスがめぐってくるのは一生にいちどのことなのかもしれない。フランク・グディッシュのフットボール・プレーヤーとしてのキャリアはどうやらこのときに終わった。

デビューまでの空白の3年間

ここでちょっとだけ時間を〝早送り〟する必要がある。ワシントン・レッドスキンズのサマーキャンプに参加した1970年の夏から、ブロディがプロレスラーになることを決意したとされる1973年までには3年ほどの〝空白の時間〟がある。サンアントニオのバーでバウンサーとして働いていた、精肉加工業のトラックを運転していた、ダラスの貨物会社で大型コンテナの積み下ろしの仕事をしていた、など諸説がある。そういった情報の数かずは事実かもしれないし、伝聞の伝聞でしかないかもしれない。

ブロディがいったいどのようなプロセス、あるいはキーパーソンとなる人物との出逢いをへてレスリング・ビジネスにたどり着いたかについては、いまもって不明な部分がいくつかある。これまでの文献では「1973年にオクラホマでデビュー」が定説となっていたが、1973年にフランク・グディッシュがオクラホマで試合をした記録は発見できない。ひとつだけわかっていることは、フットボールをやめた時点で270ポンド（約122キロ）くらいだったブロディの体重が3年後の1973年には315ポンド（約142キロ）まで〝巨大化〟していたことだ。

ブロディ自身は筆者に「元フットボール・プレーヤーのウォルター・ジョンソンからはなしを聞き、プロレスをやってみようと思った」と語ったことがあった。ウォルター・ジョンソンはクリーブランド・ブラウンズに在籍した元NFLプレーヤーで、プロレスラーとしては1974年（昭和49年）にいちどだけ来日し、新日本プロレスの『第1回ワールド・リーグ戦』に出場したことがある。

おそらく、ブロディを最初にプロレスに誘った人物は、サンアントニオのジム〝サンアントニオ・ヘルス・クラブ〟でのワークアウト仲間で、フットボール・プレーヤーとしてサンアントニオ・トロスにも在籍したジョー・バナースキーだった。バナースキー自身——それまで公立中学で体育教師をしていた——もプロレス志望で、地元サンアントニオの大プロモーター、ジョー・ブランチャードに弟子入りして1973年にデビューした。リングネームは〝アイリッシュ・パワー〟アイバン・プトスキー。のちにティト・サンタナとのコンビでWWF（現在のWWE）世界タッグ王座を獲得した（1979年10月）。

このバナースキーがブロディにジョー・ブランチャードを紹介したかどうかは、いまひとつはっきりしない。ブロディとブランチャードのあいだでなんらかの接触があったことはたしかだが、ブロディがブランチャードに弟子入りすることを希望しなかったのか、それともブランチャードがブロディの弟子入りを拒否したのか、どちらが真実なのかはわからない。ただし史実としては、ブロディはサンアントニオ——ブランチャード派のローカル団体——をプロレスラーとしてのデビューの場所には選ばなかった。

ブロディにプロレスの基礎を教えたコーチは、いずれも元プロレスラーで、この時代はダラスのビッグ・タイム・レスリング（フリッツ・フォン・エリック派）でレフェリーをしていたブロンコ・ルービックとダニー・プレッチェスのふたりだった。ルービックは1925年生まれで当時48歳、プレッチェスは1916年生まれで当時57歳。ダラス・スポータトリアムのリングを使ったトレーニング・セッションでブロディにレスリングの手ほどきをしたのはこのふたりだったが、じっさいにブロディのスパーリング・パートナーをつとめたのは当時はまだ若手だった〝カウボーイ〟ボブ・オートン——ランディ・オートンの父親——だったとされる。ブロディの〝師匠〟にあたるのは、いったいだれなのかを考えてみると、ルービックとプレッチェスのボスで、ブロディをダラスのリングに導いた〝鉄の爪〟エリックということになるのだろう。

ついにプロレスラーとしてデビュー

ブロディがプロレスラーとして正式にデビューしたのは1974年4月29日、テキサス州フォートワースでの興行だった。その1週間まえ、ダラス・スポータトリアムでの定期戦でブロディは〝観客〟としてリングサイド最前列に座っていた。元オリンピック代表選手（1968年＝メキシコシティ）からプロレスに転向し、レスリングの実力は全米屈指といわれていたボブ・ループが「このオレと10分間、闘ってフォールを取らせなかった者には賞金5000ドルを贈呈する」というオープン・チャレンジをアナウンスすると、リングサイド席に陣どっていたブロディが挑戦者として名乗りをあげた。大型ルーキー、ブロディのデビュー戦にはこういうアングル（演出）が用意されていた。ブロディはこのときすでに髪とヒゲを伸ばしはじめていた。

〝スペシャル・チャレンジ・ライト・アウト・マッ

デビュー当時のパブリシティー写真

チ（非公式試合）〟としてラインナップされたボブ・ループ対ブロディ――まだリングネームはなく本名のフランク・グディッシュのままデビューした――の10分1本勝負は、ループのフォール勝ちに終わった。ブロディはこのとき27歳。28歳の誕生日を2カ月後に控えてのプロレスラーとしてはひじょうに遅いデビューだった。残念ながらブロディのデビュー戦は写真も映像も残されていない。ブロディとハンセンは、デビュー2年めだったハンセンがダラスに転戦してきたときにほとんど偶然のような感じで顔を合わせた。約5年ぶりに再会だった。

プロレスラーとしての第一歩を歩みはじめたブロディは、フリッツ・フォン・エリックのブッキングでリロイ・マクガーク主宰のNWAトライ・ステート・エリア（オクラホマ、ルイジアナ、アーカンソー）に派遣された。ここでブロディとハンセンは正式にタッグチームを結成し、ジョニー・イーグルス＆テリー・レイザンのベテラン・コンビを下してNWA・USタッグ王座を獲得（1974年10月）。翌1975年7月まで9カ月間にわたり同王座を保持した。ブロディにとっても、ハンセンにとっても、このディープ・サウスでのサーキット生活は苦悩の下積み時代ということになるのだろう。お金は稼げなかったし、プロレスリング・ビジネスのポリティックス（政治的側面）をいやというほど味わった。ブロディがプロモーターに対する反骨精神にめざめたのはこの時代だった（第3章のハンセンのインタビュー参照）。

ブロディが〝ブルーザー・ブロディ〟に変身したのは1976年6月。NWAフロリダ地区のツアーでいっしょだった大ベテランのキラー・コワルスキーの推薦でニューヨークのWWWF（現在のWWE）にブッキングされたときだった。それまでダラス、アマリロ、フロリダで名乗っていたリングネームはフランク〝ザ・ハンマー〟グディッシュで、ロングのカーリーヘアにヘッドバンド、星条旗のバンダナを首に巻いた1970年代スタイルのヒッピーのキャラクターだったが、WWWFのテレビ番組〝チャンピオンシップ・レスリング〟に初登場した日からブルーザー・ブロディを名乗った。

デビューから2年2カ月、30歳だったブロディにモンスター・ヒールとしてのまったく新しいアイデンティティーを与えたのはビンス・マクマホン・シニア――ビンス・マクマホンの父――だった。ブロディは6月第1週から7月第2週にかけて合計3回、TVテーピングでデモンストレーシ

ニューヨークでサンマルチノの世界王座に挑戦（1976年9月）

ョン的な試合を録画収録し、7月第3週からハウスショー・スケジュールに合流。8月第1週には〝殿堂〟マディソン・スクウェア・ガーデン定期戦にデビュー（ケビン・サリバンにアルゼンチン・バックブリーカーでギブアップ勝ち）し、同所の9月定期戦、10月定期戦では2カ月連続でブルーノ・サンマルチノが保持していたWWWF世界ヘビー級王座に挑戦した。スーパーヘビー級の肉体と特異なルックス、元プロ・フットボール選手というアスリートとしてのバックグラウンドが高く評価されたのだとしても、かなりの〝スピード出世〟だったといっていい。

WWWFをギャラのトラブルで解雇

ブロディは翌1977年2月まで7カ月間にわたり当時のWWWFの興行テリトリーだった東海岸エリアーをツアーした。WWWFとの関係がハッピーエンドで終わったかというとそうではない。ブロディはファイトマネーの支払いについてゴリラ・モンスーン――現役レスラーであると同時にWWWFの共同オーナーでありドレッシングルームのボスだった――と衝突し、モンスーンのポジションを無視してビンス・シニアと直談判を試みたことでWWWFを解雇されたといわれている。ブロディとプロモーターの確執の歴史はどうやらこの時代からすでにはじまっていた。

ブロディの〝再就職先〟についてはこれまで「ニューヨークでモンスーンとトラブルを起こしたためWWWFと友好関係にあった全米の有力プロモーターの〝ブラックリスト〟に載り、アメリカ国内では上がるリングがなくなったため、やむなくオーストラリア／ニュージーランドの南半球エリアに活動の場を求めた」とする定説があったが、これは一種のファンタジーというか誤報の連鎖のようなものだったのだろう。

WWWFでのツアーを終えたブロディは、テキサスに戻り、ブルーザー・ブロディの新リングネームのまま古巣ダラス、ヒューストン（ポール・ボーシュ派）、サンアントニオ（ジョー・ブランチャード派）の各エリアのリングに上がり、北部デトロイト（ザ・シーク派）にも初めて足を延ばした。1970年代のアメリカのプロレス界には25団体とも30団体ともいわれる地方分権型のローカル・プロモーションが共存していた。大都会ニューヨークのWWWFを長期ツアーし、マディソン・スクウェア・ガーデンでサンマルチノと対戦したことで、ブロディの商品価値はメインイベンターのそれにアップグレードされた。

ブロディにとって人生のターニングポイント――バーバラさんとの交際と結婚――は1977年から1978年にかけてのオーストラリア／ニュージーランド・ツアーだった。

ブロディを南半球にブッキングしたのは、ダラスでは悪党マネジャーとして活躍し、1980年代前半までブロディの個人エージェント的な立場にあったゲーリー・ハートだった。

オーストラリア／ニュージーランド・マットは1960年代にアメリカ人プロモーターのジム・バーネットが〝開拓〟したテリトリーで、バーネットがアメリカに帰国後はオーストラリア人のレスラー・プロモーターのラリー・オーディが興行会社を継続。ニュージーランドの興行はスティーブ・リッカード――1973年（昭和48年）にタイガー・ジェット・シンを新日本プロレスに〝乱入〟させたといわれる人物――が担当していた。

3カ月サイクルで開催されるツアーにはアメリカ本土とハワイから選手が派遣され、当時の長期滞在型のアメリカ人レスラーのおもな顔ぶれはマーク・ルーイン、キング・カーティス・イアウケア、キラー・カール・クラップ、ムース・モロウスキー、ブッチャー・ブラニガンらベテラン勢だ。これらのメンバーにオーストラリアとニュージーランドのローカル・グループが加わり、カード編成が組まれていた。アンドレ・ザ・ジャイアントがツアーに参加したこともあった。ブロディは1977年8月、ニューカマーとしてこのツアーに合流した。オーストラリアではテレビ中継もおこなわれていて、メルボルン公演ではブロディとアンドレのシングルマッチが実現したとされるが、残念ながらアンドレ－ブロディ戦の映像も、それ以外のブロディの試合映像も〝発掘〟されていない。

ブロディは、オーストラリア・ツアー中にふたりめの師匠――ひとりめの師匠はフリッツ・フォン・エリック――となるキング・カーティス・イアウケアと出逢った。のちにブロディのトレードマークとなる〝ハス、ハス、ハスHuss,Huss,Huss〟という猛獣のような雄叫び、リング上をぐるぐると徘徊《はいかい》するウォーキング、手の甲をペロッとなめるしぐさ、トランス状態のような天を仰ぐ虚《うつ》ろな目つきといった独特なジェスチャーの数かずは、もともとはイアウケアのオリジナルで、この時代にイアウケア本人から伝授されたものだった。プロレスラーは自己表現としてのこういった所作、自己と他者をはっきりと識別させる動作の数かずを〝ニュアンスnuance〟と呼び、これをひじょうに大切にする。

人生のターニングポイント、バーバラ夫人との結婚

ブロディ――というよりもこの場面ではフランク青年なのだろう――がバーバラさんと初めて会ったのは最初のツアーのシドニー滞在中だった。1977年から1978年にかけてブロディは合計3回、オーストラリア／ニュージーランド・ツアーに参加したとされるが、ツアー期間については詳細がはっきりしていない部分がある。アメリカからの遠征

組はシドニー郊外キングスクロスの〝テキサス・タバーン〟というホテルに長期滞在し、ここを拠点にオーストラリア国内をツアーしていた。ホテルの名称が〝テキサスの酒場〟なのは、このホテル&レストラン&バーのオーナーがテキサス生まれのアメリカ人ファミリーだったからなのだという。バーバラさんはこのホテルに勤務していた。

バーバラさんはプロレスファンではなく、プロレスのことはあまりよく知らなかった。それでもアメリカから定期的にやって来る大男たちのグループが長期滞在するホテルでフロントデスクのクラークとして働いていたため、プロレスラーたちの顔と名前は知っていた。彼らのほとんどはふたつの名を使い分けていて、ジョージ・モンバーグという頭がはげてメガネをかけた中年男性はキラー・カール・クラップというドイツ名を名乗っていた。ニュージーランドのサウスアイランド生まれで、20歳のときに故郷をあとにして就職のためにオーストラリアにやって来たバーバラさんは冒険好きだった。

ブロディとブロディよりも3歳年下のバーバラさんの出逢いとロマンスについては、バーバラさんの著作『ブロディ　ザ・トライアンフ・アンド・トラジディー・オブ・レスリングス・レベル BRODY;The Triumph and Tragedy of Wrestling's Rebel（プロレスの反逆者の勝利と悲劇）』（ラリー・マティシック&バーバラ・グディッシュ共著＝2007年）に詳しく記されている。バーバラさんはここ10年ほどのあいだに何度かアメリカのメディアのインタビュー取材にも応じ、夫フランクについて語っている。

バーバラさんの母が1977年12月22日に亡くなった。バーバラさんは、その年のクリスマスに里帰りして〝フランク〟のことを家族に話すつもりだったというが、ニュージーランドに帰る2日まえにお母さんがこの世を去ってしまった。ブロディはクリスマス・シーズンにアメリカで試合があったため、いったんオーストラリアを離れたが、アメリカから国際電話をかけてきてバーバラさんをなぐさめてくれ、それからまたすぐに――バーバラさんに会うために――ひとりでシドニーに戻ってきた。

それはブロディなりのプロポーズだったのだろう。3度めのオーストラリア・ツアーの最後の金曜の夜だった。ブロディは「ぼくは日曜にアメリカに帰る。キミにもアメリカに来てほしい。いっしょに来てくれなくてもいい。来たくなったときに来てくれればいい」といって100ドル札の束をそおっとテーブルの上に置いたのだという。それはシドニーからサンアントニオまでの往復の航空チケットを買うためのお金である。「テキサスが好きになれなかったら、またシドニーに戻ってくれればいい」「いまはなにも約束してくれなくていい」というオープン・インビテーションだった。ブロディはオースラリアで稼いだファイトマネーをそこに残して、そのまま部屋を出ていった。

――バーバラさんは〝フランク〟の待つテキサスに向かった。シドニー発－ロサンゼルスーダラス－サンアントニオ行きのフライトは、トランジットを含めると合計32時間の旅だった。アメリカの空港はとても広くて、乗り換えのたびにゲートからゲート、コンコースからコンコースまでひたすら歩いて移動した。このときのほうが飛行機に乗っていた時間よりも疲れた。サンアントニオ空港に着いて、到着ロビーからバゲージクレーム（荷物受け取りカウンター）に向かって歩きはじめたら、だれよりも背が高いフランクの姿がみえた。長い髪をポニーテールにして後ろで結んだフランクは、少年のようににっこり笑って手を振っていた。バーバラさんはその瞬間、自分の決心が正しかったことを確信したのだという。

ふたりは結婚した。そして、1980年11月7日に長男ジェフリーが誕生した。

ブロディ衝撃の初来日

ブルーザー・ブロディが初めて日本にやって来たのは1979年（昭和54年）1月、全日本プロレスの『新春ジャイアント・シリーズ』だった。このシリーズの参加外国人選手のメンバーはブロディ、フリッツ・フォン・エリック（1月第1週のみの特別参加）、キング・カーティス・イアウケア、バロン・フォン・ラシク、ドン・デヌーチ、ミスター・フジ、

キングコング・ブロディのパブリシティー写真（1980年ごろ）

第1章

プロレスラー、ブルーザー・ブロディ誕生とその栄光

カール・フォン・スタイガーの7選手。ブロディの初来日にそのふたりの師匠、エリックとイアウケアが同行していたのはおそらく単なる偶然ではない。

〝鉄の爪〟エリックは1960年代の日本プロレス時代からのジャイアント馬場のライバルで、〝流血王〟イアウケアは全日本プロレス発足時からの常連メンバーだった。ただし、エリック（当時49歳）もイアウケア（当時41歳）もこれが現役選手としては最後の来日。シリーズ参加外国人メンバーのなかではキャリアでも実績でも（年齢も）いちばん格下だったブロディが、エリックとイアウケアから〝お墨付き〟を与えられ、このときに全日本プロレスのエース外国人選手のポジションを継承したと考えることができる。

このシリーズでブロディは馬場、ジャンボ鶴田の二枚看板とシングルマッチで対戦した。特別試合60分1本勝負としてラインナップされた鶴田との初対決は、鶴田がジャンピング・ニーパットとバックドロップの先制攻撃を仕掛けたが、ブロディはケロリとしてこれを受け流した。鶴田のドロップキックに対しては、お返しのドロップキックで鶴田を場外にふっ飛ばしてみせた。最後はブロディがトレードマークのチェーンを持ち出して大暴れし、6分33秒、両者リングアウトという結果に終わった（1月20日＝静岡県三島市体育館）。

シリーズ最終戦のメインイベントとしておこなわれた馬場との特別試合60分1本勝負は、序盤戦からブロディが〝140キロ砲〟と形容された打点の高いドロップキックを馬場の胸板にヒットさせて観客を驚かせた。場外乱闘に誘ったのは馬場のほうで、鉄柱攻撃でブロディの額をたたき割り、リング内に戻るとカウンターの16文キックをヒット。そうするとこんどはブロディが馬場を場外に誘い出し、チェーンで馬場の首を絞めつづけ、和田京平レフェリー——この試合を裁いたのはメイン・レフェリーのジョー樋口ではなく、なぜか和田レフェリーだった——が9分49秒、ブロディの反則負けをコールした（1月29日＝大阪府立体育会館）。

鶴田とは両者リングアウトの引き分けで、馬場には反則負け。〝まだ見ぬ強豪〟として全日本プロレスのリングに初登場したブロディは、ついにいちどもフォール負けを奪われないまま帰国した。〝怪物ガイジン〟の出現だった。

2度めの来日はそれからちょうど1年後の1980年（昭和55年）1月の『新春ジャイアント・シリーズ』。このときは馬場が保持するPWFヘビー級王座に初挑戦した。60分3本勝負で争われたタイトルマッチは、1本目はブロディが体固めで先取し、2本目はブロディの反則負け、決勝の3本目は馬場がトップロープからのダイビング・ボディーアタックから体固め。2－1のスコアで馬場が同王座防衛に成功した（1月22日＝長野県諏訪市、諏訪湖スポーツセンター）。

同年7月の『サマー・アクション・シリーズ』に3度めの来日を果たしたブロディは、

シリーズ最終戦で鶴田が保持していたUNヘビー級王座に挑戦（60分3本勝負）。1本目はドロップキック、ワンハンド・スラム、キングコング・ニードロップの必勝フルコースからブロディが体固めで先取。2本目は鶴田がサポーターを巻いたブロディの左ヒザに攻撃の的を絞り、ジャンピング・ニーパット、バックドロップの追い打ちから4分15秒の速攻で片エビ固め。3本目はスタートから場外乱闘となり、リング下でアトミックドロップにトライしたブロディに対して、鶴田はエプロンを両足でキックしてディフェンス。両選手はバックドロップのような格好で同体で場外のフロアにダウンし、2分28秒、そのまま両者リングアウト。1－1のドローで鶴田が王座防衛に成功した（8月7日＝後楽園ホール）。

最後のフォール負けを喫した『カーニバル』決勝戦

4度めの来日は1981年（昭和56年）3月の『第9回チャンピオン・カーニバル＆インター・チャンピオン・シリーズ』だった。全14選手出場の総当たりリーグ戦は、馬場と鶴田がともに得点19でトップを走り、ブロディとアブドーラ・ザ・ブッチャーが得点18でこれを追いかける展開となっていた。リーグ戦最終日におこなわれた鶴田－ブッチャー戦が両者リングアウトの引き分けに終わったため、この時点で鶴田とブッチャーは優勝戦線から脱落。事実上の優勝決定戦となった馬場－ブロディ戦は、8分11秒、馬場がフライング・ボディーシザース・ドロップからブロディをフォール。馬場が3年ぶり通算6度めの『カーニバル』優勝を決めた（4月23日＝大阪府立体育会館）。

この『カーニバル』決勝戦で馬場に喫したフォール負けこそがブロディというプロレスラーをよく知るカギとなる〝禁断の3カウント〟で、この試合以後、ブロディは生涯最後の来日となる1988年（昭和63年）4月まで、じつに7年間、日本のリングで3カウントのフォール負けを許すことはなかった。

プロレスというジャンルの定義――純粋な競技スポーツであるか、純粋な競技スポーツではなく試合の結末の部分が〝演出〟されているかどうか――がオープンに議論されるようになったいまだからこそ、試合結果が持つ意味とその絶対性のようなものについて熟考してみる価値がある。プロモーターによって試合結果があらかじめ決められているものであるとするならば、それはいかようにもプロデュースが可能であるはずなのに、ブロディは負けることをつねに拒否した。視点を変えてみれば、プロモーターが試合結果をいかようにもプロデュースすることが可能であるからこそ、むしろブロディは負けることをかたくなに拒否しつづけた、と考えることもできる。ここにブロディというプロレスラーの、どの時代のどんなレスラーともまったく異なる、不思議さがある。ブロディは1978年以降、アメリカ国内のどの団体のリングでもいっさいフォール負けを喫していない。

この『第9回チャンピオン・カーニバル』のシリーズ最終1週間（全7戦）にカーニバル公式リーグ戦とは別ワクで開催された〝復活インターナショナル選手権・決定トーナメント〟（9選手参加）で、ブロディと馬場はトーナメント準決勝で再び顔を合わせた。このときはブロディがキングコング・ニードロップ一発で馬場からきっちりと体固めで——片エビ固めでも、エビ固めでも、スモールパッケージ・ホールドでも、場外カウントアウトでも、反則勝ちでもなく——3カウントのピンフォールを奪った。ファイトタイムはわずか5分59秒だった（4月27日＝愛知県体育館）。ブロディのなかでは4月23日の『カーニバル』決勝戦と4日後の4月27日のトーナメント準決勝とがワンセットのサムシングという理解になっていたのかもしれない。

ブロディはこの年の10月の『ジャイアント・シリーズ』の5度めの来日ではドリー・ファンク・ジュニアを下してインターナショナル・ヘビー級王座を獲得（10月9日＝蔵前国技館）。同王座は〝反則負け〟でいったんドリーに奪い返されたが（11月1日＝後楽園ホール）、翌1982年（昭和57年）の『グランド・チャンピオン・シリーズ』で再びドリーを下し同王座を奪回した（4月21日＝大阪府立体育会館）。ブロディは力道山ゆかりのこのインターナショナル王座には特別なフィーリングを持っていたようで、ブロディ自身がライバルと考えていた鶴田に〝リングアウト負け〟で王座を明け渡すまで（1983年8月31日＝蔵前国技館）、このチャンピオンベルトを1年5カ月間にわたってキープした。

ハンセンと再会を果たした『世界最強タッグ』

日本のリングでブロディとハンセンが再会したのは、昭和のプロレス史の名場面のひとつとしていまも語り継がれる『81世界最強タッグ決定リーグ戦』最終戦だった（1981年12月13日＝蔵前国技館）。タッグ・リーグ戦決勝戦はブロディ＆ジミー・スヌーカ対ドリー＆テリーのザ・ファンクスというカードだったが、ブロディ＆スヌーカのセコンドとして、つい3日まえまで新日本プロレスのリングに上がっていたハンセンが私服姿で登場。蔵前国技館に集まったライブの観客だけでなく、日本じゅうのプロレスファンをあっと驚かせた。

ハンセンの予想どおりの〝乱入アシスト〟――場外でテリーをラリアットでKO――のあと、リング上ではブロディがキングコング・ニードロップでドリーから3カウントのフォールをスコア。ブロディ＆スヌーカがタッグ・リーグ戦初優勝を決めた。試合終了後はブロディ、馬場と鶴田もリングに上がってきてニューカマーのハンセンと番外戦を演じた。

全日本プロレス“第1期”（1979－1984）

第１章

プロレスラー、ブルーザー・ブロディ誕生とその栄光

全日本プロレス“第1期”（1979−1984）

第１章

プロレスラー、ブルーザー・ブロディ誕生とその栄光

全日本プロレスで再会した親友ハンセン（1982年）

第１章
プロレスラー、ブルーザー・ブロディ誕生とその栄光

ハンセン、ドリー、テリーの大乱闘シーンは、いまになってみればウエスト・テキサス州立大フットボール・チームの〝同窓会〟だった。

ブロディ＆ハンセンは1982年（昭和57年）4月の『グランド・チャンピオン・シリーズ』から本格的にタッグチームとしての活動をスタートさせた。1983年（昭和58年）の『世界最強タッグ決定リーグ戦』では鶴田＆天龍――この年から〝鶴龍コンビ〟を結成――を下して初優勝。1984年（昭和59年）には馬場＆ドリーの熟年コンビを破って新設PWF世界タッグ王座の初代チャンピオン・チームとなった（4月25日＝横浜文化体育館）。同王座はブロディが全日本プロレスから新日本プロレスへ移籍するまで約1年間キープした。

全日本プロレスのリングでブロディ＆ハンセンのミラクルパワー・コンビが活躍したのは3年間にすぎない。チームカラーはハンセンが〝陽〟で、ブロディが〝陰〟というイメージだった。ブロディにとっては、ハンセンがいて、ファンクスがいて、馬場がいて、鶴田がいたこの1980年代前半がいちばんハッピーな時代だったのかもしれない。

第2章

フミ・サイトーが見たブロディという人物

ブロディを直撃インタビューした1984年

ブロディは国内線のCコンコースをゆっくり歩いて、空港1階のバゲージクレーム（荷物受け取りカウンター）まで降りてきた。荷物は肩から下げた大きな黒いスポーツバッグだけだ。上は〝リベラ・ステーキ・ハウス〟のグリーンのスウェットシャツ1枚で、下は黒のジャージ。ジャージはショーツくらいの長さにヒザのあたりまでロールアップしてあって、ヒザから下には白いスポーツ・ソックスがのぞいている。足元はかなり履き古した感じのナイキのランニング・シューズ。10月だというのにずいぶん軽装だ。

筆者はブロディを空港で待ち伏せしていた。その夜はセントポール・シビックセンターでAWAのセントポール定期戦がおこなわれるため、夕方の4時くらいにバゲージクレーム付近で待機していれば、ブロディに会えると考えた。予想は当たった。ベルトコンベアーからスーツケースが出てくるのを待っていたブロディに恐る恐る話しかけてみた。

「ミスター・ブロディ？」

ブロディはこちらを見て、それから「おー、元気か How are you doing?」といって軽く握手の手を差し出してくれた。日本人の若造がいきなり声をかけてきたので、マガジンのリポーターか、そうでなければただのプロレスファンだと思ったのかもしれない。筆者はもちろんブロディのことを知っているけれど、ブロディは筆者のことなんか知らない。

「今夜のショーに行くのかい？」とブロディのほうから聞いてきたので、筆者は「はい、行きます」と答えた。「ちょっとだけおはなしを聞かせていただきますか」とたずねると、ブロディは「迎えが来るまでまだ時間はある。なにが聞きたい？　ユーはリポーターか？フォトグラファーか？」といって、もういちどこちらを向いた。こういうときはなんと答えておくのがいちばんスマートなのかわからなかった。筆者は「マイ・ネーム・イズ・フミ・サイトー」と自己紹介した。当時はミネソタの大学――22歳の大学5年生――に通いながら月に1回か2回だけAWAの試合の写真を撮ったり、レスラーをインタビュー取材したりして、そのリポートを週刊プロレスに送っていた、悪くいえばアルバイト記者、よくいえば〝ジャーナリストの卵〟だった。

ブロディはこの年の6月からAWAのリングに上がっていた。1984年はハルク・ホーガンがWWF（現在のWWE）世界ヘビー級王者になって、ビンス・マクマホンの〝1984体制〟がスタートした年。WWFはジェシー・ベンチュラ、アドリアン・アドニス、デビッド・シュルツ、ケン・パテラ、ジム・ブランゼル、大ベテランのクラッシャー・リソワスキー、マッドドッグ・バション、悪党マネジャーのボビー・ヒーナン、TVアナウンサーのジーン・オークランドら主力メンバーをAWAからごっそり引き抜いた。同年6月にはWWFの全米ツアーが〝ミネアポリス公演〟を開催した。プロレス用語でいうところの〝レスリング・ウォー〟、〝興行戦争〟がはじまっていた。

本拠地を〝侵略〟されたAWAのボスのバーン・ガニアは、対抗措置としてNWAセントルイス、テネシー、ダラスWCCW（ワールドクラス・チャンピオンシップ・レスリング）などに協力を要請。ブロディ、ハーリー・レイス、アブドーラ・ザ・ブッチャー、キングコング・バンディ、トニー・アトラスらがゲストとしてAWAのリングに登場した。

AWAでのブロディのリングネームはブルーザー・ブロディではなくて――ガニアの感覚ではブルーザーはあくまでも〝生傷男〟ディック・ザ・ブルーザーひとりだけなのだろう――キングコング・ブロディだった。

インタビュー1（1984年10月21日＝ミネアポリス・セントポール空港）
わたしには選択の自由がある　アゴで使われてたまるか！
ブロディがプロモーターとレスラーの関係について語った

ブルーザー・ブロディはアメリカのプロレス界で引っぱりだこのスーパースターである。この売れっ子レスラーは自分を主張することを生きがいとしている。あくまで強気な姿勢で全米各地をサーキットしているブロディにプロモーターとレスラーの関係についてどう考えているかを聞いてみた。

自分のスケジュールは自分で決める主義

――さっそくですが、全米にレスリング・ウォーが起きて以来、まだWWFに引き抜かれていない超大物はあなただけといわれていますが。

ブロディ　いつになったらブロディはWWFに移るとか、いま試合をしているAWAのバーン・ガニアとの関係がガタガタだとか、くだらないウワサやデマを飛ばして喜んでいる連中はどこの土地にでもいるもんだ。プロモーターであるガニアやパット・オコーナーとわたしが個人的に合わないとしても、ビジネスはビジネス。元来、プロモーターとレスラーが仲よくなれるはずがない。

――どういう意味ですか。

ブロディ　プロモーターとレスラーの関係は、エンプロイヤー employer（雇い主・雇用者）とエンプロイー employee（従業員・被雇用者）の関係だ。イエスはイエス。ノーはノーとするのがレスラーの持っている選択の自由だ。

――いまおっしゃったように、たいていのアメリカ人のプロレスラーは、基本的にはみなさんフリーランスだと思いますが。

ブロディ　ところが、わたしにいわせればそれは大きなまちがいだ。大方のレスラーたちは、一定のテリトリーで長く生活しながらその州周辺をぐるぐるサーキットするのがふつうだろ。ひとつの土地に住んだほうが生活は安定するし、じっさいツアーもつらくならない。だから、みんなプロモーターのいうことをおとなしく聞いてシープ（羊）になっておくのさ。わたしは、ひとつの地区にとどまって毎晩同じような相手と試合をするなんてまっぴらゴメンだ。

――それが、あなたが広範囲にわたってツアー活動をしている理由ですか。

ブロディ　わたしはほかのレスラーたちと比べ、人一倍フリーであるという意識を強く持っている。自分のスケジュールは自分自身で組むという信念を持っているのさ。ここでキミに見せてもいいんだけど、来年のスケジュールもうびっしりうまっている。だから、ひとつのテリトリーやひとりのプロモーターのために働く必要はないわけだ。

――ひとつのテリトリーに属するのは好まないということですね。

ミネアポリス空港にて（1984年10月＝筆者撮影）

ブロディ　名前は出さないが、どのプロモーターもその地区のビジネスが強ければ強いほどレスラーをアゴで使おうとしすぎる。

サーキットは超ハードで1日の半分は飛行機！

――ＷＷＦなどもそうでしょうか。

ブロディ　全米のどこへ行っても、ボスと呼ばれている男たちのワンマンぶりはすごいさ。レスラーとして超一流のハーリー・レイスやダスティ・ローデスだって、ある土地へ行けば大ボスだろ。フリッツ（・フォン・エリック＝テキサス州ダラス）、バーン（・ガニア＝ＡＷＡ）、クロケット（ジム・クロケット・ジュニア＝ＮＷＡミッド・アトランティック地区）、オレイ（・アンダーソン＝ＮＷＡジョージア）、ワット（ビル・ワット＝ミッドサウス）などどこのボスもみんなレスリング・ビジネスをコントロールしようと、力の哲学にとり憑《つ》かれている。わたしはそういうプロモーショナル（興行的）な世界に属さない一介のレスラーでありたいと願っている。

――現在はどこにお住まいですか。

ブロディ　サンアントニオ（テキサス州）から40マイル南に行ったちいさな町だ。けさもトラックを飛ばしてサンアントニオの空港まで行き、シカゴ、ミルウォーキーと国内線を乗り継いでミネアポリスまで来た。１日の半分を飛行機のなかで過ごしたわけだ。

1985年（昭和60年）3月9日━両国国技館

第２章
フミ・サイトーが見たブロディという人物

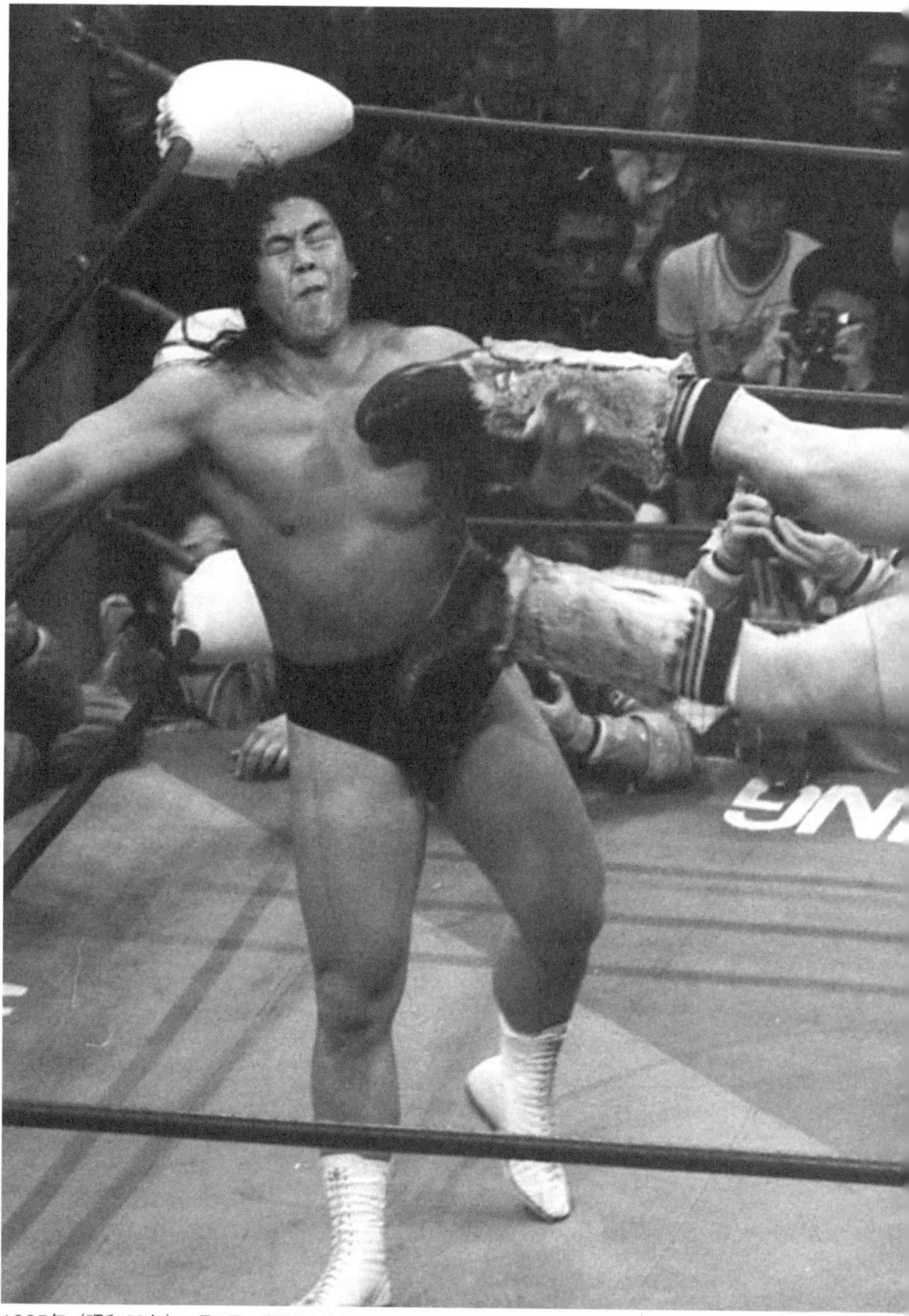

1985年（昭和60年）3月9日＝両国国技館

第２章

フミ・サイトーが見たブロディという人物

試合が多すぎるとダメ。ろくな試合ができない

――現在のおもなサーキット・コースは？

ブロディ　毎回フルハウスになるカルロス・コロン派のプエルトリコ、わたしの地元であるサンアントニオのジョー・ブランチャード派、セントルイス、そして、AWAのなかではシカゴ、ミネアポリス、ミルウォーキー、ウィニペグ（カナダ・マニトバ州）の主要エリア。もちろん、日本はどこをキャンセルしてでも行く。それでも、ビッグマッチにしか出場しないから週に2日はオフを取っている。

――超過密スケジュールかと思ったら、週に2日もオフを入れているのですか。

ブロディ　試合数を増やしたらいいファイトなんてできるはずがない。昔、デビューしてのころは350ポンドもあったんだが、忙しすぎて体重がガクンと落ちてしまった。もっとも、いまの体のほうが以前よりもずっと動けるし、スナミナも維持できる。若いころのように無理なウエートトレーニングもやらないから、わたしもすっかりスリムになった。もちろん、忙しいということは神に感謝しなければ（笑）。

――11月下旬からはじまる全日本プロレスの『世界最強タッグ』までのスケジュールは？

ブロディ　サンファン、セントルイス、グリーンベイ、ウィニペグのビッグマッチと、あとはオフを取って日本行きに備える。サンクスギビングデーの夜にグレッグ・ガニアがわ

たしとケージ・マッチをやりたがっているんだが、もうその時点でわたしは日本にいる。

――WWFへの転出はなさそうですね。

ブロディ　おい、わたしはフリーだといったばかりだろう。まさか（ハルク・）ホーガンと闘うためだけにニューヨークへ行くほどわたしはヒマではないさ。だが、それがセントルイスのチェッカードームで、ということになればわたしも考えを変えるかもしれない。これはあくまでも、もしものはなしだがね。ほんとうに一流と呼ばれるレスラーは、決してプロモーターのいいなりになんてなりはしないんだ。そして、それをやるには――胸を指さして――ここ、わたしのようなビッグ・ハートでないとダメなんだ。

ミステリアスな行動―新日本プロレスへ電撃移籍

このインタビューから5カ月後の1985年（昭和60年）3月、ブロディは6年間在籍した全日本プロレスから新日本プロレスへ電撃移籍した。

全日本プロレスの『85激闘！エキサイティング・ウォーズ』に通算19回めの来日を果たしたブロディは、両国国技館のビッグマッチ――この春にオープンしたばかりの新国技館での〝こけら落とし興行〟――で不可解な動きをみせた（3月9日）。

同大会のメインイベントはジャンボ鶴田&天龍源一郎の〝鶴龍コンビ〟と初来日のザ・ロード・ウォリアーズの初顔合わせとなったインターナショナル・タッグ選手権だった。ブロディはこの日、キラー・ブルックスとコンビを組み、セミファイナルのポジションで長州力&谷津嘉章とタッグマッチで対戦した。

ブロディは長州のサソリ固め、リキ・ラリアットをまったく受けようとせず、長州の長い髪をつかんで振りまわし、ブロディ・キック（ビッグ・ブーツ）を何発も長州の顔にお見舞いした。試合はリキ・ラリアットからバックドロップで長州がブルックスをフォールして終わったが、ブロディの異様な暴れっぷりだけが観客の脳裏に焼きついた。

同シリーズ最終戦・名古屋大会（3月14日）にラインナップされたジャイアント馬場&鶴田&天龍対ブロディ&ラッシャー木村&鶴見五郎の6人タッグマッチでは、ブロディは自軍コーナーに立ったままほとんどリング内に入らず、試合を途中で〝放棄〟し、ひとりでドレッシングルームに帰ってしまうというミステリアスな行動に出た。

それから1週間後の3月21日、ブロディは新日本プロレスの『ビッグファイト・シリーズ第1弾』最終戦の後楽園ホール大会に現れた。ホール南側の最上段にピンスポット照明があてられ、ベートーヴェンの『運命』が流れるなか、ダークグレーのスーツ姿でチェーンを手に持ったブロディが長い階段をリングに向かって降りてきた。リングにはアントニオ猪木が立っていた。ふたりは視線をそらさず向かい合った。ブロディが差し出す握手に猪木は応じなかった。猪木が着ていたガウンをパッと脱ぐと、ブロディも上着を脱ぎ捨てた。〝予告編〟はここで〝to be continued（つづく）〟となった。

翌日（3月22日）、ブロディは新日本プロレスへの移籍発表の記者会見を開いた。筆者――23歳の新米記者――がいまから33年まえに書いた記事をそのまま引用する。

ブルーザー・ブロディが記者会見
新日本プロレスへの移籍を発表
バーニング・スピリットを求めて

定刻の12時ジャストにスーツ姿のブロディが記者会見場の京王プラザホテル42階『高尾の間』に現れた。顔見知りの記者たちと軽く握手を交わし、微笑をたたえながらの登場だった。ブロディは、インタビュー用に設置されたテーブルにつくとにこやかな表情を見せた。

「わたしはこの記念すべき記者会見に出席してくださったすべてのプレス（報道陣）のみなさんに深く感謝いたします。本日はブルーザー・ブロディの新たなる出発の日です。こんなエキサイティングな発表をみなさんと分かち合えることをうれしく思います。わたし自身、これほど興奮したことはめずらしいと思います。5年前、わたしと妻のあいだに男の子が誕生したとき以来の感激です」

プロレスラーらしからぬ、しかしまさにブロディらしいあいさつだった。このスピーチが記者会見の雰囲気をなごやかなものにした。

「超一流と呼ばれ、サクセスフルになるためには絶対にひとつのテリトリーにとどまっていてはいけない。アメリカでは、ひとつの地区に長くいることで地位を築くレスラーも多い。しかし、ほんとうの意味でビッグネームになるためにはカナダ、プエルトリコ、南米、南半球のオーストラリア、ニュージーランド、南アフリカ、中近東のリングにも上がらなければならない」

6年間在籍した全日本プロレスを去った理由は、自分自身へのチャレンジであることを強調した。新日本プロレスとアントニオ猪木についてコメントを求められるとこう答えた。

「わたしは日本に来るたびにテレビを通じてイノキのファイトを観てきた。そして、次第に彼の存在に興味を持つようになった。レスラーの資質でいちばん重要なものは、その人間の内面にあるバーニング・スピリットだ。イノキの目を見ていると、わたしと同じバーニング・スピリットを感じることができる。彼とわたしの闘いはマインドとマインドのぶつかり合いになるだろう。ひじょうに楽しみにしている」

WWF（現在のWWE）との契約のいきさつ、経緯を聞いてみると、こんな答えが返ってきた。

「わたしとWWFの接触は古い。9年前、1976年に当時WWWFチャンピオンだったブルーノ・サンマルチノにも挑戦しているし、今回のWWF入りも昨年2月にビンス・マクマホンと会談したときに話し合ったことがようやく実現したものだ。ハルク・ホーガンとわたしは、アメリカのあらゆる大都市でタイトルマッチをおこなうことになるだろう」

全日本プロレスとの契約問題、すでに次期シリーズ参加が発表されている点などに質問が集中すると「わたしのオールジャパンでのファイトは、3月14日の名古屋が最後となった。再びオールジャパン（のシリーズ）に参加することはない。今後はWWFとニュージャパンを中心に活動していく」と答え、全日本プロレスを離脱した具体的な動機については多くを語ろうとしなかった。

しかし、ブロディは共同インタビューの質問と質問のあいだに、こんなこともポツリとつぶやいた。

「じつは今回、オールジャパンのシリーズに参加のため3週間前に来日するまでは、

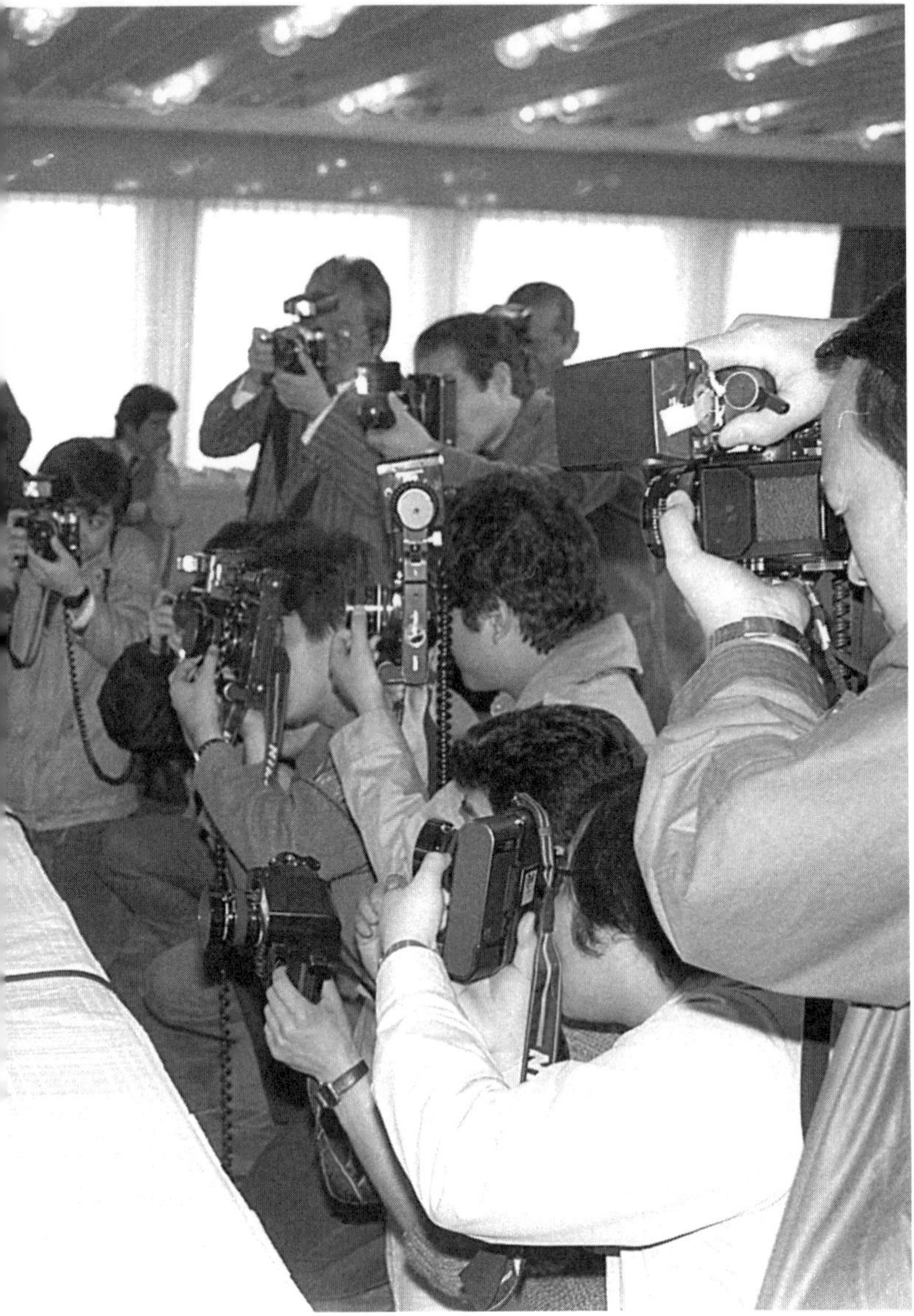

新日本プロレスに電撃移籍の記者会見（1985年3月）

第２章

フミ・サイトーが見たブロディという人物

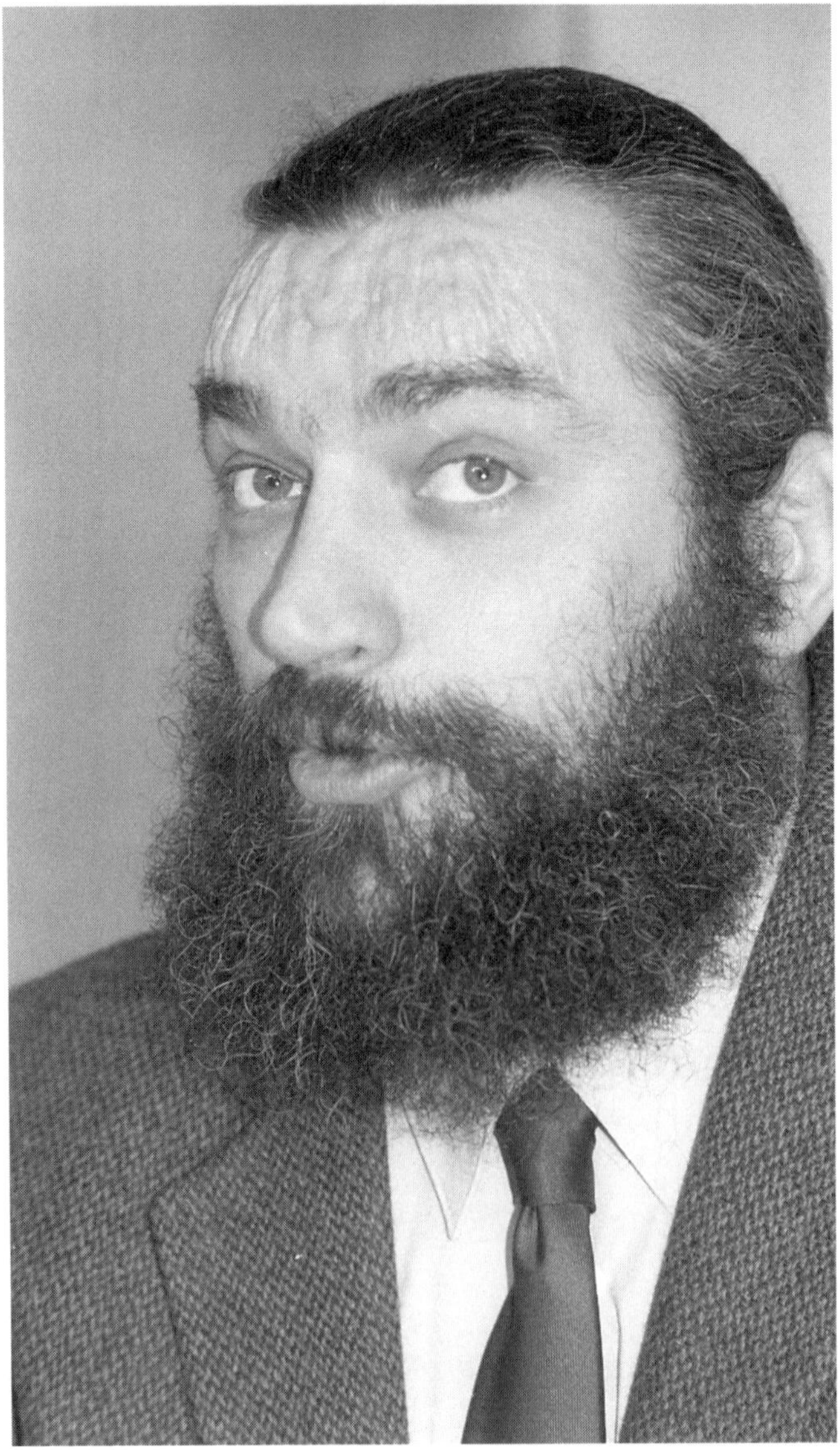

新日本プロレスに電撃移籍（1985年3月）

ほんのちょっぴりだがオールジャパンにとどまろうという気持ちもあった。しかし、シリーズをとおして闘っているうちにニュージャパンに心が傾いたんだ」

また、注目されている新日本プロレスのリングに初登場する時期については「現在、4月12日から18日までの1週間の予定」と答えたが、WWFのスケジュールによってそれよりもさらに短期間になる可能性もあるとした。しかし、4月18日の両国国技館大会のメインイベントは猪木対ブロディのシングルマッチとなることが濃厚だ。

記者団の質問に答えるブロディの表情は、終始晴れ晴れとして〝引き抜き〟〝ダブルクロス（裏切り）〟といったドロドロした印象はみじんも感じさせなかった。

ブロディ革命は、静かに着実に進行中だ。電撃の新日本プロレス移籍はそのワンステップに過ぎない。

WWFでホーガンと対戦することを想定？

記者会見での「ハルク・ホーガンとわたしは、アメリカのあらゆる大都市でタイトルマッチをおこなうことになるだろう」「今後はWWFとニュージャパンを中心に活動していく」というコメントからもわかるとおり、ブロディ自身は、どうやらこの時点（1985

年3月）ではきわめて近い将来、ＷＷＦの全米ツアーに合流し、ホーガンと対戦し、ＷＷＦのスケジュールと新日本プロレスのスケジュールを同時進行させることが可能――新日本プロレスとＷＷＦは当時、業務提携を結んでいた――という認識を持っていた。しかし、このプランは実現しなかった。

ブロディはこの記者会見のあと、いったん帰国し、それから約3週間後の4月11日に日本に戻って来た。

インタビュー2（1985年4月12日＝新宿・京王プラザホテル）
スターとは特殊なパワーを持った人間
都内のホテルでブロディは語った「わたしとイノキの闘いからは新しいものが生まれる」

4・18両国決戦1週間前の4月11日にUターン上陸してきたブロディは、都内のホテルにチェックインをすますと、翌日から軽いトレーニングをおこない、世紀の一戦に向けて最後の調整に入った。マスコミ陣との取材に関しては新日本プロレスがこれまでになかった堅いガードをみせたため、インタビュー取材は意外に難航した。つまり、ブロディ本人をつかまえ、直接にアポイントメントを取る以外に方法がない。新日本プロレスからホテル側へのリクエストでブロディの部屋には電話がかけられないようにされているという。

それでもなんとかブロディとコンタクトを取った筆者は「部屋に上がってこい」というブロディの命令どおり、約束の時間ちょうどにブロディが泊まっている××号室を訪ねた。

――突然の新日本プロレスへの移籍はやはり衝撃的でした。きょうはそのへんのいきさつから、今後のこと、それからブロディさんのプロレス観までじっくりお聞きしたいと思います。

ブロディ　わたしが3月22日に京王プラザホテルでおこなった記者会見のあとは、わたし自身のスケジュールがいっぱいで、また家族とバケーションに出かけたため、キミたちとゆっくりプロレスのはなしをするチャンスに恵まれなかった。きょうはたっぷり時間もあるし、なんでも聞いてくれたまえ。

――まず、ファンはもっとも興味を持っているのは電撃移籍の真相ですが。

ブロディ　わたしは、キミたち日本人がなぜそうまで団体のワクというものにこだわるのかということをまず知りたい。わたしは1979年（昭和54年）以来6年間、オールジャパン（全日本プロレス）のリングでファイトしてきた。オールジャパンのオフィスの方がたにはたいへん世話になったし、感謝もしている。グッド・ピープルだったさ。過去6年間のオールジャパンにはいい思い出が残っている。裏切ったという感覚はない。

――そのあたりの、アメリカ人的な感覚についてもっとくわしく教えてください。

ブロディ　まず、レスラーに限らず、アメリカ人は一般に日本人よりも〝自由〟ということばの意味を理解している。自分が正しいと思ったことを自分の責任において行動に移すことを自由というんだ。わたしは、これが正しいことだと思い、最高の機会だと思ったからこそ動いた。

――3月22日の移籍発表記者会見のあと、アメリカでは試合はやりましたか。

ブロディ　いや、やっていない。私事になるが、息子のジェフリーも4つになって、すっかりかわいい男の子になった。感情の表し方がわたしに似ているようだ。子どもの感情というものは粘土細工のようなものだ。ちょっといじるとすぐに壊れるし、まわりの影響によってはすぐに悪くなってしまう。子どもはちいさいうちは、親がすぐそばにいることが望ましい。

――今後はサンアントニオを空けて長期間のツアーには出たくない、という意味ですね。

ブロディ　なるべく長く家を空けることは避けたいね。わたしはサンアントニオのリングをメイン・テリトリーにしたいと考えている。というのは、（ジョー・）ブランチャードの〝サウスウエスト・チャンピオンシップ・レスリング〟はビジネスがたいへん落ち込んでいて観客がほとんど入らない状態がつづいている。それで会社の体制が変わり、わたしの親友であるバック・ロブレイがブッカーに就任し、わたしはエースとしてリングに上がることになった。プロモーション名も〝ローンスター・レスリング〟に改め、すべてを刷新して再スタートを切ることになった。地元サンアントニオでやりがいのある仕事ができることは、わたしにとってはありがたいことだ。

――日本のファンの多くは、ロード・ウォリアーズの扱いとブロディ選手に対する扱いのちがいに不満を持って全日本プロレスを飛び出したと考えていますが。

ブロディ　それはちがう。わたしは、ウォリアーズに対して個人的にはなんの恨みも持っていない。若いがグッド・レスラーたちだし、実力も将来性も評価していいと思う。しかし、ひとつだけハッキリさせておきたいことがある。ほんとうのスターとは、長いあいだ持続して光を放つことのできる人間だけをいうんだ。その意味では、わたし、ハンセン、ファンクス、ババ、そしてイノキはスターであり、ウォリアーズやチョーシュー（長州力）はスターとはいえない。なにをやろうとしているかや、次の行動を読みとられてしまうような凡人もスターにはなれない。スターとは、ふつうの人間が考えつかないようなことをやってのける特殊なパワーを持った人間のことをいうんだ。

――なるほど。それでは超獣コンビが解散してしまったいま、スタン・ハンセンもスーパースターでいることはできますか。

ブロディ　ハンセンはもともと優秀なシングル・プレーヤーだ。わたしがいなくてもなんの不自由もないはずだ。

――その件について日本のファンになにかメッセージがあればどうぞ。

ブロディ　日本のファンは、おそらくブロディ&ハンセンとロード・ウォリアーズの対戦を望んでいたことだろう。しかし、じっさいにその試合がおこなわれるまえに、わたしはニュージャパン（新日本プロレス）に移ってしまった。わたしは多くのファンの夢をこの手で壊したんだ。多くのファンは、わたしとハンセンのほうがウォリアーズよりも強いと思っているだろう。わたしたちはまだPWF世界タッグ王座を保持しているが、わたしが抜けたことでいずれは王座決定トーナメントがおこなわれることになるだろう。しかし、ファンの大部分は、だれが新チャンピオン・チームになってもブロディ&ハンセンのほうが強かったと感じるにちがいない。わたしはこの手でみずからそれらすべてのドリームを壊したのだから、残されたオールジャパンのファンは自分たちのイマジネーションだけで夢を持ちつづけるしかない。わたしはすでに次なるステップを踏みはじめたのだから。

――WWFへは行かないのですか？

ブロディ　わたしが日本にいるあいだは、ロブレイがわたしのブッキングのマネジメントを引き受けている。細かいことはわからないが、WWFのツアーに参加することにはなるだろう。しかし、全米を飛びまわるような活動はおそらくしない。わたしにとっては、ニユージャパンとサンアントニオがいちばん大切なテリトリーだ。

――ハンセンとは今後も日本以外の場所ではタッグを組むのですか。

ブロディ　そういうことになるだろう。サンアントニオ、プエルトリコ、そしてオーストラリア、ニュージーランドなどではチームとしての活動をつづけていく。日本のファンには悪いが、われわれのコンビはもう観られない。しかし、キミたちプロレスの専門誌がアメリカまで取材に来れば、ハンセンとわたしのチームを雑誌に載せることができるわけだ。

――新日本プロレスに出場することによって、ファイトスタイルを変えたり、なにか新しい技を公開するということはありますか。

ブロディ　ニュージャパンのリングで試合をするということは、わたしがいままで闘ったことのない数多くのレスラーたちと対戦することを意味する。その意味では、いままでとまったく同じことをしていてはダメだろう。しかし、基本的にはわたしは自分のスタイルを殺してしまうつもりはまったくない。ニードロップにしろ、ドロップキックにしろ、わたしの技はほかのレスラーたちとはちがっているはずだ。ふつうのことをやっていてはスターとは呼ばれないし、また名勝負を生むこともできない。これだけはイノキに伝えておいてほしい。わたしとイノキの闘いからは、なにか新しいものが生まれる予感がするとな。

闘魂VS.超獣　1580秒の激闘！　4・18両国国技館リポート

4月18日はブルーザー・ブロディにとって大いなる1日だった。ブロディの神経は終始ピリピリと張りつめていた。

ほかの外国人レスラーが午後6時にはすでに会場入りしていたにもかかわらず、ブロディだけは前座の試合がはじまってしばらくたった7時過ぎにひとりでドレッシングルームに入ってきた。

外国人選手控室のすぐ外でブロディの到着を待っていたカメラマンがいっせいにフラッシュをたいた。ブロディは、物ものしい数のカメラマン——この試合がいかに重要な意味を持っているか——にやや緊張した面持ちだった。

やはり、ブロディはプロフェッショナルだった。カメラを向けられると、神妙な顔つきから一変していかにもブロディらしい野獣の表情をみせた。ブロディという男は、アリーナに一歩足を踏み入れたとたん、インテリジェンスにあふれたフランク・グディッシュを忘れ、プロレスラーのブルーザー・ブロディに変身する。

ブロディは、ドレッシングルームに入るとすぐ左ヒザにきつく包帯を巻き、その上からサポーターをつけた。おなじみの毛皮つきのブーツを自分のすぐ横に置くと、そばにいたアドリアン・アドニスと軽くことばを交わした。

それからシャワールームにとじこもるとポニーテールに束ねた髪をほどき、水道の水で頭から水をかぶった。こうすると、さっきまできれいにクシの通っていた髪はいっきにカーリーヘアに早変わりし、ブロディの顔はリング上でみせる超獣のそれに近づいていった。

ディック・マードック、アドニス、ビリー・ジャックらが通路に出てアンダーカードの試合を観ていたが、ブロディはいっこうに控室から出てこようとしない。がらんとして広い国技館のドレッシングルームのいちばん奥のほうでひとりでポツンと出番を待っていた。

いつも子分を連れているマードックがいっぽうのボスなら、ブロディはもういっぽうのボスであり、一匹狼という印象だ。外国人選手グループの〝陽〟のボスはマードックで、〝陰〟のボスはブロディというわけだ。

ブロディが、日本組控室を強襲という暴挙に出たのは、第7試合の坂口征二対B・ジャックのシングルマッチがおこなわれている真っ最中だった。

突然、チェーンを片手に外国人組控室を飛び出したブロディは、100メートルほど隔てた東側支度部屋に乱入。猪木を見つけると、チェーンで猪木の左ヒジをメッタ打ちにした。

暴れ出したブロディをマスコミの記者たちが止められるはずがない。若手選手のほとんどは、セコンドとして試合がおこなわれているリング下に集まっていた。ひと暴れして気がすんだ(?)ブロディは、さっさと西側支度部屋に引き揚げていった。
猪木はリング・ドクターに応急処置をしてもらったが、左ヒジがかなり腫れあがってい
た。これが原因で、メインイベントは藤波—ストロング・マシン1号の試合のあとに10分
間の休けいをとってからおこなわれた。
いまにして思えば、このインターミッションが入ったことで、これからはじまるメイン
イベントの選手入場はかえって盛り上がりをみせた。
先にリングに登場したのは〝挑戦者〟ブロディだった。猪木とブロディのシングルマッ
チは、それだけでタイトルマッチ以上の価値を持っている。ブロディは、全日本プロレス
時代には身につけていなかったガウン——ブーツと同じ柄の毛皮のガウン——を着ていた。
これはこの一戦が生んだ新しいアイテムのひとつだった。
〝ウォー、ウォー〟というおなじみの雄叫びは変わらなかったが、試合開始前に軽いフッ
トワークで体をほぐすような動作をしていたのもまた新しかった。
もうひとつ新しかったのは、いつも豪華なロングガウンを身にまとって登場してくる猪
木が、この日は黒タイツと黒シューズだけの臨戦態勢でリング下にやって来たことだった。
新たな名勝負伝説のはじまりは、試合前からいくつもの新しいシーンを創りだしていた。
試合中も両選手は新しいエッセンスを発散しつづけた。猪木はジャンプなしの延髄斬り、

場外フェンスを使ったヒザ攻撃、トップロープからのアトミック・ボムズアウェーを、ブロディはジャイアント・スイング、助走つきのフライング・ボディープレス、卍固め返しを惜しみなく初公開した。

　両者リングアウトの裁定後、叫び声をあげながらドレッシングルームに戻ってきたブロディは、ぱっくりと口が開き、その傷口から鮮血がしたたり落ちる右ヒザを抱えながら、しつこく追ってきたカメラマンを蹴散らした。

　興奮状態だったブロディが報道陣との会見に応じたのはそれから約45分後の10時15分。シャワーを浴び、髪の毛を後ろで束ねたブロディは、やや不機嫌ながらもマスコミの質問に答えるだけの冷静さを取り戻していた。ブロディからフランク・グディッシュに戻っていたのだろう。

　猪木に攻められた右ヒザにていねいに包帯を巻きながら、ブロディは「こんな傷は1週間か2週間かすれば回復する。だが、今夜、イノキがやったことは俺の頭から一生離れないだろう。チェーンを使うなといわれれば、俺は使わない。そんなものを使わなくたって、俺はイノキを倒せる。俺は再戦を望む」というコメントを出した。

　いっぽうの猪木は「だれでも初めての相手は怖いもんだ。ヤツも本来はもっともっと力があるんじゃないか。俺もヤツもまだ100パーセントの力を出していない。ヤツが望む

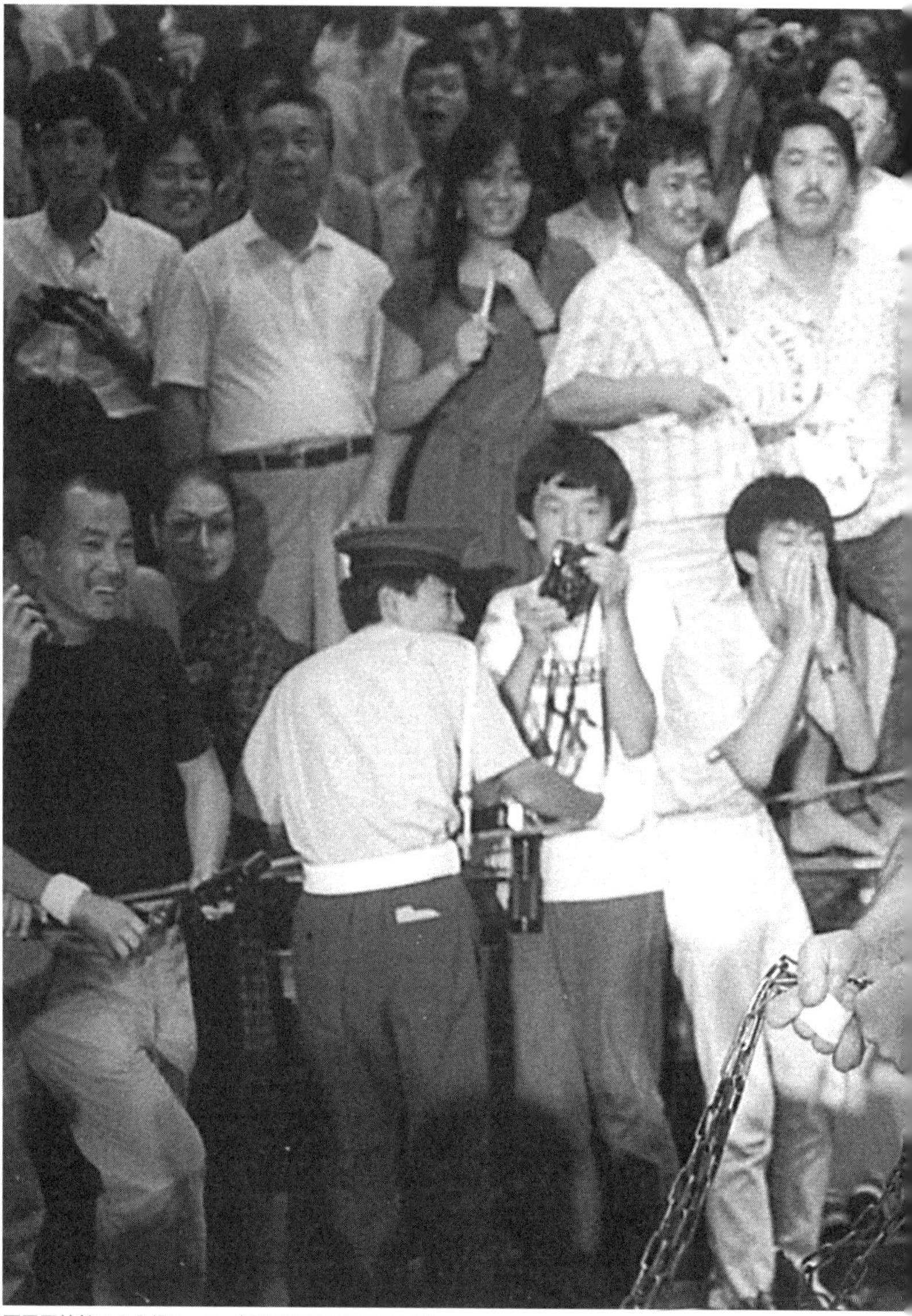

両国国技館での入場シーン（写真は1985年8月1日）

第２章
フミ・サイトーが見たブロディという人物

猪木との名勝負（1985年8月1日＝両国国技館）

第２章
フミ・サイトーが見たブロディという人物

猪木とはシングルマッチで合計7回対戦

第２章
フミ・サイトーが見たブロディという人物

猪木の延髄斬り顔面にヒット（1985年8月1日＝両国国技館）

なら、精根尽きるまでとことんやりたいね」と落ち着いた表情で語った。

まさに異口同音といっていいコメントだった。やはり、この新しい名勝負ドラマには予想どおり、肉眼では見えない〝つづく〟のテロップが提示されていた。猪木とブロディの宿命の対決は、いままさにその幕を開けたばかりなのだ。

猪木との共通点を語る

インタビュー3（1985年10月3日＝新宿・京王プラザホテル）

なぜわたしはオールラウンド・プレーヤーなのか？

なぜルー・テーズなのか？　その理由を教えてあげよう

猪木とブロディの闘いは、やはり単なる〝夢の対決〟ではなかった。ブロディは、猪木とのバトル＝闘争を通じてブロディ革命の実践を試みていた。ふたりの遭遇は、エポックメーキングといっていい運命的な出逢いだった。

――あなたがルー・テーズに関節技の手ほどきを受けたことは、すでに日本のプロレス・マスコミに大きく報じられています。ごく素朴な疑問なのですが、あなたほど独自の、独特なスタイルを確立させているレスラーが、なぜいまさらテーズのコーチを受ける必要があったわけですか。

ブロディ　それは、日本のファンの多くがほんとうの意味でレスリング・ファンであることと深く関係している。日本のファンはゲテものショーやサーカスを観にきているんじゃないということだ。もちろん、わたしもサーカスは嫌いなほうじゃない。わたしの住むサンアントニオにカーニバルが来れば、息子のジェフリーを連れて観にいくだろう。しかし、サーカスは年にいちどだけ町にやって来るからこそ価値がある。いちど観たら、しばらくは十分だからさ。プロレスはスポーツであって、大男のサーカスではない。プロレスは年ねん複雑になっている。だからこそ、多少のエンターテインメント的要素も不可欠だ。しかし、人びとはあくまでもレスリングの勝負を観にきていることを忘れてはいけない。

――それがテーズに臨時コーチを受けた理由ですか。

ブロディ　いや、それだけではない。もう少しはなしをつづけよう。さっき、わたしは日本のファンはほんとうのレスリング・ファンだといったね。

――はい。

ブロディ　わたしの経験では、アメリカのファンと比較した場合、日本のファンはレスリングに関する知識レベルがはるかに高い。ある程度、年齢層が上のファンは、わたし自身が試合をしてきた年数よりも長くプロレスと接しているわけだからね。

――あなたのキャリアは何年になりますか。

ブロディ　12年だ。とにかく、それだけ目の肥えたファンのまえで試合をするということは、ルールの裏表をすべて知り尽くした観衆のまえでチェスのゲームをするようなものさ。しかも、わたしの相手はレスリングのすべてを身につけた天才、アントニオ猪木だ。

――それで、テーズからサブミッションを学び、新分野を開拓しようと。

ブロディ　いや、それだけでもない。わたしはテーズからサブミッションを教わることで、猪木にひとつの警告を発したつもりなのだ。わたしは猪木のスタイルに近いものを学ぶことで自分の弱点を克服しようとしている。それでは、猪木はブロディ・スタイルを身につけているか、ということだよ。

――猪木スタイルとブロディ・スタイルはまったく異なるふたつの様式のように思われますが。

ブロディ　そう、そこなんだ。だから、本物の闘いができるんだ。ふたつのちがうものがぶつかり合うからこそ、人びとはほんとうにベターなのはどちらなのかを知りたがるのだ。わたしと猪木の葛藤はそれほどソフィスティケーテッド sophisticated（高度に洗練された、複雑な、教養・知識人向き）なものなのだよ。相手のスタイルをマスターし、しかも自分のスタイルをまっとうした者が勝利者となるのだ。

——どうしてそれほどまでにスタイルの異なる者同士の闘いに魅力を感じるのでしょう？

ブロディ　バトル battle（闘争）こそスポーツのハートだからだ。レスリングに限らず、いかなるスポーツでもそうだ。プロレスのようにフィジカル physical（身体の、肉体の、物質の、自然の法則に従った）で、メンタル mental（精神の、知能の、頭に描くイメージ）で、ストラテジック strategic（戦略的）なスポーツならばなおさらのことだ。もし、これがただのレスリングごっこだったらファンは逃げていってしまう。

——ひとことでいって、ブロディと猪木のスタイルのちがいとはアメリカン・プロレスと日本式のちがいなのでしょうか。

ブロディ　いや、それはちがうと思う。現在のわたしのレスリングは、55パーセントがアメリカ式で残りの45パーセントは日本式だと考えてもらいたい。たとえば、ジャンボ鶴田は70パーセントがまぎれもなくファンクス式で、30パーセントが馬場式だ。わたしがみたところ、猪木の60パーセントはコンテンポラリー contemporary（現代の、同時代に存在する）

ホテルにてインタビュー（筆者撮影）

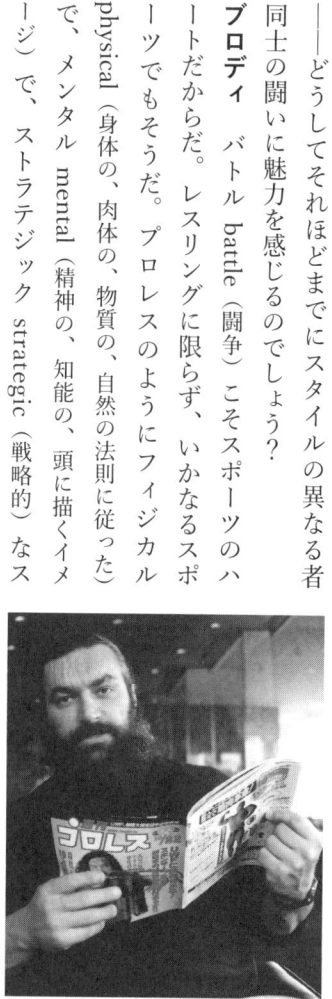

な日本式であり、40パーセントがアメリカ式だ。その意味では、わたしと猪木のスタイルには共通した部分もあるということだ。

――コンテンポラリーな日本式ってなんのことですか？

ブロディ　アメリカン・スタイル、メキシカン・スタイル、日本式のブレンドさ。

――それでは、純日本式とはいったいどんなものでしょう？

ブロディ　それはサブミッションとスープレックス、それから多少のキックだろう。

――えっ？　それはUWFが前面に押し出しているスタイルです。

ブロディ　わたしは、サブミッションとスープレックスとキックがUWFだけのものとは思わない。それはアメリカン・スタイルがアメリカ人だけのものではなく、メキシカン・スタイルがメキシコ人だけのものではないのと同じことだ。いまならだれでもパンチ、キック、エルボー、それからクローズライン（ラリアット）のようなアメリカ産の技を使うし、メキシコ人が得意なドロップキックをできないレスラーはいない。プロレスそのものが20年以上まえよりもずっと進化しているからこそ、猪木との試合はソフィスティケートしているといっているんだ。キミだって、20年もまえのベースボールのフィルムを観たら、どこかおかしい、走り方がおかしい、バッターの打ち方がおかしいと思うだろ？　すべては時代とともに変わるのだ。

――ちょっと混乱してきました。

ブロディ　だからこそ、本物しか生き残ることはできないのさ。そして、わたしの強さはわたしの体の大きさだけから生まれてくるものとは思わないでほしい。わたしはここ（頭を指さして）を使って闘っているんだ。

レスリングのコンテンツを語る

インタビュー4（1985年10月3日＝新宿・京王プラザホテル）
アンドレとの対決はやらないでもわかっている……

――前回のインタビューの最後に、あなたは、ブロディというレスラーの強さは単に体の大きさだけからきているものでない、という点を強調していました。

ブロディ　わたしは、日本のファンがレスラーのボディーサイズだけでその強さを判断しているとは思えない。もしそうだったら、アンドレ・ザ・ジャイアントこそ世界最強と信じて疑わないだろう。キングコング・バンディにしても同じことがいえるね。わたしが初めて日本に来たとき（1979年1月）の体重はいまよりざっと30ポンド（約14キロ）は重かった。体が大きいことが強さと正比例するならば、当時のわたしのほうが現在のわたしよりもベターだったということになる。しかし、それは明らかにまちがいだ。

——体のサイズのことをいうならば、スーパーヘビー級のぶつかり合いはやはりプロレスの醍醐味《だいごみ》だと思います。その意味で、12月6日に両国国技館でおこなわれることが決定しているアンドレとあなたのシングルマッチはおおいに注目を集めています。

ブロディ　まさか、キミたちはアンドレがわたしを倒せるとでも思っているんじゃないだろうね。

——やはり、それはやってみるまでわからないと思います。

ブロディ　目の肥えた日本のファンにはすでに勝負はみえているはずだと思うがね。

——どうしてですか？

ブロディ　日本人は試合のコンテンツcontents（内容、中身）をひじょうに大切にするということはもう話したね。

——はい。

ブロディ　ならば、その先はいわないでもわかるだろう。アンドレの最近の試合ぶりをよくみていればね。わたしは、コンテンポラリーなレスリング・スタルはアメリカ式、メキシコ式、日本式のブレンドだといったはずだ。だから、わたしも少しはメキシコ式をアダプトadapt（適応させる、合わせる）する必要があるし、わたしがドロップキックを多用する理由はそれだ。考えてもみたまえ。身の軽いメキシカンが必死にドロップキックを使っても相手の胸のあたりまでしか届かないのに、わたしのような大男なら的確に相手の顔面を捕らえることができる。観客はそれを目撃し、だれがベターかを結論づけるわけだ。レスリングのコンテンツとはそういうものだ。総合力といってもいいかもしれない。

——しかし、そのレスリングにおける総合力よりも、ブロディというキャラクターは狂乱ファイターというイメージのほうが強いように感じられますが。

ブロディ　たしかにわたしはリング上ではクレージーになる。これはわたしの集中力といってもよい。そして、わたしはわたし自身が猪木、藤波ら日本人レスラーと同じように激しいトレーニングをしていないように思われることだけは我慢ならない。わたしは、日本人がいかに勤勉でコンディションがいいかを知っているつもりだ。彼らもまた、わたしがいかにハードなトレーニングをしているかを認識するべきだ。フィジカルな面で同じスタート地点に立ってこそいい試合ができる。試合のなかでの駆け引きなんて二の次だ。

——たしかに、日本のファン、あるいはプロレス・マスコミはアメリカのレスラーよりも日本の選手たちのほうが練習熱心だという見方をしています。

ブロディ　わたしも、50パーセント以上のケースでそれは正しいと思っている。アメリカにはただ太っていてレスリングのできない人間が多いことも事実だ。しかし、ファンはどのレスラーがシェイプアップしていて、どのレスラーがダメであるかをちゃんとみているのだ。だから、わたしにいわせれば、アンドレとわたしのどちらがベターかを論じるなんてナンセンスなのだ。

——『85IWGPタッグ・リーグ戦』シリーズ中の〝ベスト10シングル〟では、いまおはなしに出たアンドレとのシングルマッチのほか、ディック・マードックと対戦することも予想されますが。

ブロディ　マードックもアドリアン・アドニスも体つきをみた感じでは決してシェイプアップしているような印象は受けないかもしれないが、彼らの強さは例外だ。ナチュラルな強さを持って生まれたことは神に感謝すべきだ。

——ナチュラルな強さとはどのようなものですか？

ブロディ　ドリー・ファンク・ジュニアやマードックのようにレスリングが体に染みついている男たちは、ナチュラル（自然体）なんだ。これはトレーニングだけでどうにかなるものではないし、キャリアを積めば必ず身につくものでもない。わたしはドリーとマードックの力を高く評価している。

——ところで、これは以前からたいへん興味を持っていたことなのですが、あなたは少年時代、テレビでプロレスを観ていましたか？

ブロディ　わたしが育ったデトロイトは、冬がひじょうに長く、寒い地方だった。たいていのアメリカの少年たちがそうであるように、わたしも冬のあいだは家にこもってテレビのスポーツ番組を食い入るように観ていた。フットボール、カレッジ・フットボール、バスケットボールとなんでも観たよ。土曜の夕方4時からはプロレス中継があって、ザ・シーク、キラー・コワルスキー、ディック・ザ・ブルーザーなんかは出ていたのを記憶している。まさか自分がプロレスラーになるとは夢にも思わなかったがね（笑）。子どもはほんとうにスポーツが好きなんだ。たとえば、きょう、近所の空き地で友だちとフットボールをやって遊んだとする。子どもたちは明日もその空き地に戻ってまた遊ぶ。それがあまりにも楽しいので、永久に楽しいものだと思ってプロのフットボール・プレーヤーになることを夢見る。そして、おとなになったとき、それはまちがいだったことに気がつく。

――どうしてですか？

ブロディ　プロになってお金を取ったら、楽しいという感覚は消える。あるのはストレスだけだ。そして、そういうプレッシャーに打ち勝った者だけが真の成功者となるのだ。

アダルトを納得させるプロレス

インタビュー5（1985年11月1日＝新宿・京王プラザホテル）

プロローグは終わった

ブロディ－猪木戦はアダルトを納得させる本物のレスリングだ

10・31東京体育館で猪木との6度めの対戦を終え、帰国直前のブロディがまた興味ぶかい発言をした。猪木との闘いはやっとそのプロローグが終わり、いままさに起承転結の〝承〟に移ったところなのだという。知性派のブロディは、猪木戦のほか、日本の女子プロレス、天龍源一郎、そして10年まえの猪木－ビル・ロビンソン戦などについても語った。

――全日本プロレスのテレビ中継がゴールデンタイムに移行して以来、テレビ朝日の『ワールドプロレスリング』と日本テレビの『全日本プロレス中継』のそれぞれの番組視聴率の推移にたいへん興味を持っているそうですね。

ブロディ　興味を持っているなどという次元の問題ではないよ。わたしは、新日本サイドの視聴率はわたしひとりの活躍にかかっているとさえ思っている。責任を感じているといってても過言ではないほどだ。日本ではテレビ番組の視聴率を調べるリサーチ方法がニールセンン式とビデオリサーチ式のふた通りあることも知っている。

――研究熱心ですね。

ブロディ　プロレスのビジネスそのものがテレビというメディアの影響を強く受けているのだから、視聴率（数字）が大きなバロメーターとなるのは当然のことだ。アメリカでも近年、その傾向は強くなる一方だが、日本ではプロレスが誕生して以来、つねにテレビによってすべてが左右されてきた。猪木と馬場の闘いも、究極的にはテレビ朝日とＮＴＶ（日本テレビ）の闘いなのだ。

――それでは、10月25日の『ワールドプロレスリング』の同時間帯に放映された女子プロレスのバラエティー番組（フジテレビ）の視聴率が18・8パーセントだったことをご存じですか。

ブロディ　わたしと猪木のタッグマッチは13パーセント台だった。こればかりはわたしにも理解できない。女子プロレスは特番だったため、多くの人びとの関心を誘ったのかもしれない。新日本プロレスの中継はいつでも15パーセント前後のステディ（一定の）なライ

喫茶店にてインタビュー（1985年10月＝筆者撮影）

ンを保っている。NTVがいくら力んでもゴールデンタイムで11パーセント程度の数字しか出せないことを考えれば、13パーセントから15パーセントの視聴率は悲観的な数字ではないと思うね。

――日本テレビのおはなしが出たところで、リック・フレアー対リック・マーテルのダブル世界戦など、ビッグマッチ攻勢でいっきに勝負に出た全日本プロレスに関する意見を聞かせてください。

ブロディ　フレアーとマーテルのダブル・タイトルマッチを企画した馬場の政治力は素直に評価すべきだ。しかし、フレアーやマーテルだけでなく、ファンクス、ロード・ウォリアーズ、ミル・マスカラスなど、あれだけのメンバーを集めてスモウ・パレス（両国国技館）をフルハウスにできなかったのだから、全日本プロレスのビジネスがどういう状況かは察しがつくというものだ。

――……？

ブロディ　さっきもいったように、テレビ局サイドの力が強くなり過ぎることはプロモーターにとって問題なのだ。わたしは、個人的にはいまでも馬場を友人だと思っている。全日本プロレスがわたしのことをなんといおうが、それは感情的なもの。理性的な面では、わたしが全日本プロレスに対して残した功績はきっと理解しているはずだ。しかし、それも時間がたたないとわかってはもらえないだろうが……。

――どういうことですか？

ブロディ　わたしはプロモーターの馬場と契約して全日本プロレスで試合をしていた。NTVと契約してリングに上がっていたんじゃないということさ。ゴールデンタイムに移行した全日本プロレスの中継をみれば、テレビ局の力がいかに強力かは一目瞭然だ。鶴田と天龍が番組のオープニングから真っ先に登場し、そして長州、メインイベントはウォリアーズやフレアー。馬場の試合はテレビに映るチャンスすらないんだからね。すべてはテレビ局の思いどおりなんだ。

――そういうものでしょうか。

ブロディ　本来なら鶴田と天龍がメインを張って当然だろう。

――長州の人気もすごいですよ。

ブロディ　それではいいことを教えてやろう。全日本プロレスでもっともすばらしいレスラーはだれだと思う？

――だれでしょう？

ブロディ　天龍さ。彼の働きは鶴田よりも長州よりも上だ。ベストだ。しかし、実力に見合うだけの評価を受けていない。テレビに映る天龍の表情をみれば、わたしにはそれがよくわかる。レスラーには選択の自由がある。だから、いちばんいいチャンスをいかして新日本プロレスにやって来たサクラダ（桜田一男＝ケンドー・ナガサキ）とコシナーカ（越中詩郎）はクレバーな男たちだ。

――あなたと猪木の闘いはこれからどうなっていくのでしょう？

ブロディ　わたしと猪木の闘いはまだはじまったばかりだ。いまやっとプロローグが終わり、わたしがテーズからサブミッションを教わったことにより第2章の幕が切って落とされたばかりだ。プロローグは猪木がわたしのスタイルを、わたしが猪木のスタイルを肌で感じるステージといえた。第2章はディフェンスの章となるだろう。

――くわしく話してください。

ブロディ　わたしは1975年（昭和50年）12月におこなわれた猪木と（ビル・）ロビンソンのビデオを観て、あることを発見した。それは猪木とロビンソンがダブルアーム・スープレックスを仕掛けることに60分近い時間を費やしていたということだ。おたがいがリバース・フルネルソンをトライするたびに、しゃがみ込んでふんばったり、ロープに逃げたりとディフェンスを試みていた。観客はそんな両者の攻防に一喜一憂した。闘いがハイレベルだから、あるときは沸き返り、またあるときはシーンとなる。アダルトなファンが真剣に観るに値するレスリングだ。

――それをあなたと猪木の闘いにあてはめると、どうなりますか？

ブロディ　猪木とわたしは、ようやくおたがいの手の内を知るところに至った、といったはずだ。だから、こんどはブレーンバスターひとつにしてもディフェンスを競う合う闘いになるだろう。猪木はなにか新しいものを出してくるだろうし、わたしも新しいものを出すことになるだろう。まだまだ決着はつかないだろうね。

ブロディと猪木は１９８５年（昭和60年）4月から10月までの半年間で合計6回、シングルマッチで対戦した。猪木にとっては1勝2敗3引き分け、ブロディにとっては2勝1敗3引き分けのスコア。勝敗はいずれも反則裁定で、引き分けは3試合とも両者リングアウト。ただのいちどもピンフォール、ギブアップでのクリーンな決着はつかなかった。つかなかったというよりも〝つけなかった〟と表現したほうがより正確かもしれない。

4月18日＝両国国技館　△猪木（26分20秒、両者リングアウト）ブロディ△
7月28日＝大阪城ホール　○ブロディ（16分38秒、反則勝ち）猪木●
8月1日＝両国国技館　○ブロディ（21分24秒、反則勝ち）猪木●
8月5日＝ハワイ　△猪木（8分40秒、両者リングアウト）ブロディ△
10月4日＝札幌　△猪木（21分41秒、両者リングアウト）ブロディ△

10月31日＝東京体育館　○猪木（27分4秒、反則勝ち）ブロディ●

新日本プロレス離脱直前インタビュー

インタビュー6（1985年11月15日＝新宿・京王プラザホテル）

ブロディ&スヌーカ対談

タッグマッチの基本はおたがいがすばらしいシングルプレーヤーであること

――3年ぶりに日本で再結成したブロディ&スヌーカのタッグチームに対談という形で好き勝手にしゃべっていただきたいと思います。おふたりがコンビを組むのは1983年（昭和58年）春、全日本プロレスでの仲間割れ以来初めてですが、再びタッグを組むに至った経緯から聞かせてください。

ブロディ　まず、わたしから話したほうがいいだろう。ジミーはあまりしゃべるのが得意なほうではないからね。わたしは人前でスピーチすることには慣れている。ハイスクール、カレッジを通じてフットボール部のキャプテンをやっていたから大会があるごとにわたしはチームを代表してスピーチをしていたからね。

ヌヌーカ　そう、俺はWWFにいたころもほとんどTVインタビューというものをやったことがない。いつもマネジャーをつけていたから。だから、俺にしゃべらせるよりもブラザーに話してもらったほうがいいかな。そうだな、ブラザー。

ブロディ　わたしとジミーは兄弟分。いつもブラザーと呼び合っている。アメリカにいるときも電話でのコンタクトは欠かさない。わたしが4月に初めてニュージャパン（新日本プロレス）のリングに上がって以来、ジミーと正式にタッグチームを組むのは初めてだが、わたしたちのチーム再結成は遅すぎたと思っているくらいさ。

スヌーカ　それで、昨晩は再会を祝してシンジュク（新宿）で朝まで飲み歩いてしまったよ。ハワイにいるときはほとんど酒は飲まないんだが、ブラザーといっしょのときだけは特別。今回のツアーは楽しいものになりそうだ。

ブロディ　ジミーは熱心なモルモン教徒だったね。

スヌーカ　そう。家族といるときは酒、ビール、たばこ、それからコーヒーさえほとんど口にしない。宗教的な生活を送っている。

ジミー・スヌーカとの対談（1985年11月＝筆者撮影）

ブロディ　ハワイではあまり試合をやっていなかったようだが。

スヌーカ　前回の来日から4カ月間、ハワイ諸島で5試合ほどやった。リア・メイビアのプロモーションでシバ・アフィと組んでタッグマッチ、そしてシングルマッチを何試合かやった。でも、コンディションはいい。安心してくれ。

ブロディ　ジミーのこの体はボディービルダーのそれではない。ナチュラルにグッドシェイプを保てるんだからうらやましい。

——ところで、おふたりのコンビがアメリカでチームとして活動したことはあるのですか？

ブロディ　１９７７年、78年にダラスで一時、いっしょにサーキットしたことがあると記憶している。

スヌーカ　そのころは俺がヒール、ブラザーはベビーフェースだったから、じっさいにタッグを組んだことはなかった。

ブロディ　そう、そうだった。もともと、わたしもジミーもシングルプレーヤー。本格的にはだれともタッグチームを組んだことはない。わたしとスタン（・ハンセン）のコンビにしても、おたがいがすばらしいシングルプレーヤーだったからこそチームとしても成功した。わたしとジミーのコンビはコンビネーションも最高。チームとしてもバランスがとれている。

スヌーカ　俺が本格的にタッグを組んだのはレイ・スティーブンスとマネジャーも兼ねていたルー・アルバーノくらい。ハーリー・レイスやアンドレ・ザ・ジャイアントともタッグを組んだことはあるが、チームというわけではなかった。やはり、ブラザーがベスト・パートナーだ。

ブロディ　ニュージャパンのリングではハードなレスリングが要求されている。タッグマッチでも、やはり内容の濃いものをみせなければファンは納得しない。

スヌーカ　フジナミ（藤波辰爾）とシングルマッチをやってみて、体でそれを感じた。ひとつひとつの動きを観客が注意ぶかくみている。WWFで試合をしていたころはなかったことだよ。

ブロディ　それから、もうひとつ。日本でまずい試合をすると、すぐにマスコミに叩かれる（笑）。

スヌーカ　日本のファンは欲ばりだ。毎試合、色いろな技を出さないと喜んでくれない。今回のツアーでは、タッグマッチのほかにシングルマッチもかなり組まれているらしいね。

ブロディ　ジミーは自分の得意なものをどんどん出せばよい。わたしもリングのなかではシングルマッチのつもりで闘う。わたしたちがやりたい放題やっていれば、知らないうちに優勝しているだろう。そんなもんさ。

スヌーカ　俺もサーキットが楽しみになってきたよ。アロハ！

前代未聞のボイコット事件の真相

ブロディはこの『85ＩＷＧＰタッグ・リーグ戦』シリーズ最終戦（仙台・宮城県スポーツセンター）が予定されていた12月12日、大きなトラブルを起こして新日本プロレスを去ることになる。いまなお語り継がれる前代未聞の〝ボイコット事件〟である。

事件の前兆はその前日の12月11日、東京・福生市民体育館大会の試合でもみられた。この日、ブロディはセミファイナルで坂口征二とシングルマッチで対戦。試合開始のゴングが鳴るまえに先制攻撃を仕掛け、坂口をリング下に落とすと、本部席の机を持ち出して場外フェンスに立てかけ、そこに坂口の顔を打ちつけた。ブロディはさらに坂口の左脚を場外フェンスにからませると、こんどはその左ヒザを無理やり捻《ね》じ曲げた。レフェリーが場外カウントを数え、ブロディがリング内にすべり込んで4分14秒、リングアウト勝ち。ここで試合は終わったはずだった。

しかし、試合終了後もブロディの攻撃はつづき、再びリング下に降りるとこんどは坂口をエプロンに寝かせておいて、左ヒザを鉄柱に激突させた。ジミー・スヌーカも飛び出してきて、ふたりがかりで坂口を押さえつけ、ブロディはイスで坂口の左ヒザをメッタ打ちにして、それからドレッシングルームに消えていった。坂口は左ヒザを負傷した。翌日のタッグ・リーグ戦決勝戦のカードはブロディ&スヌーカ対猪木&坂口に決定していた。

12日、ブロディは午前11時の上野発－仙台行きの新幹線に乗るはずだった。厳密にいうと、ブロディとスヌーカはすでにその新幹線に乗り込んでいた。ここからはディテールがはっきりしない点がいくつかあるが、外国人選手のアテンド担当のミスター高橋レフェリーが坂口・新日本プロレス副社長からの〝あるメッセージ〟をブロディに伝えると——坂口からのメモ書きをブロディに渡したとする説もある——激怒したブロディは突然、次の駅で新幹線から下車。パートナーのスヌーカをともない〝上り〟の新幹線に乗って東京に戻ってしまった。高橋レフェリーが同じ新幹線に乗っていた猪木にこれを報告すると、猪木は「呼びにいく必要はない。放っておけ」と答えたとされる。

東京に戻ったブロディとスヌーカは、宿泊先だった京王プラザホテルをチェックアウトすると、自分たちで荷物を運んで徒歩2分ほどの距離のところにあるセンチュリーハイアット・ホテルにチェックインした。

仙台・宮城県スポーツセンターにブロディとスヌーカが来ていないことを報道陣が知っ

たのは同日の試合開始1時間まえの午後5時半ごろだった。坂口副社長は事情説明のための緊急記者会見を開いた。この日は全日本プロレスの『85世界最強タッグ決定リーグ』最終戦が日本武道館で開催されていたため、仙台に来ていた記者団は「タイミングがよすぎる。ブロディとスヌーカは武道館に現れるのでは？」と色めきたったが、武道館のバックステージで東京の記者団からこのニュースを聞かされたジャイアント馬場はブ然とした表情で「ウチはいっさい関係ない。迷惑だ」とコメントした。

同夜予定されていた猪木&坂口対ブロディ&スヌーカの『85ＩＷＧＰタッグ・リーグ戦』決勝戦は、坂口&猪木対藤波辰巳（現在は辰爾）&木村健吾（現在は健悟）に変更され、藤波がドラゴン・スープレックス・ホールドで猪木から3カウントのピンフォールを奪ってタッグ・リーグ戦優勝。試合終了後は猪木、坂口、藤波、木村の4選手が肩を組んで仲よく1枚の写真におさまった。1年の興行日程の〝千秋楽〟を締めくくるハッピーエンドだった。藤波が師匠・猪木から完全なフォール勝ちをスコアしたのは、これが最初で最後だった。プロレスにおける〝3カウント〟とはかくも不思議なものなのである。

いっぽう、東京のホテルに〝籠城〟したブロディは、同夜、午後10時過ぎになってホテルのロビーに待機していた各社のカメラマンに写真だけを撮らせ「明日午後、日本を発《た》つ。午前10時にまた来てくれれば取材を受ける」とコメントし、記者団を解散させた。

翌13日、午前10時ちょうどにホテルのロビー内の喫茶店に姿をみせたブロディは、記者団に「ブルーザー・ブロディとしてではなくフランク・グディッシュとして話す」「わたしと新日本プロレス、ふたつの異なる見解があるだろう」「後悔はしていないが、新日本プロレスを選んだことはミステークだった」「もう二度と日本に来ることはないだろう」と語った。ブロディはこの時点では本気で日本のプロレス界との決別を考えていたのだろう。ブロディはさらに「これまでも約束どおりのギャラはもらっていない。しかし、もらうつもりもない。新日本プロレスは約束を守らない」とコメントしたが、この発言をマスコミから知らされた新日本プロレスは「(今回のギャラは)取りにくれば支払う。これまでも約束どおり支払ってきた。領収書もある。契約不履行といわれる筋合いはまったくない」と返答した。どうやら、ブロディはほんとうにファイトマネーの支払いを保留の状態にしたままアメリカへ帰ってしまったのだった。

――その後も新日本プロレスとブロディのあいだで水面下のネゴシエーションはつづけられたのだろう。〝ボイコット事件〟から9カ月後、翌1986年(昭和61年)9月、ブロディは新日本プロレスのリングに戻ってきた。前年12月の未払い分のファイトマネーは、このときに清算されたといわれている。9月16日、『チャレンジ・スピリット86』シリーズ中盤戦のビッグマッチとして大阪城ホールでおこなわれた猪木との最後のシングルマッ

場外で雄叫びをあげるブロディ（1985年11月22日）

第２章

フミ・サイトーが見たブロディという人物

ディック・マードックとのシングルマッチ（1985年11月22日）

チは60分時間切れのドローという結果に終わった。ブロディはついにただのいちども猪木に対して3カウントのフォール負け、ギブアップ負けを許すことはなかった。

新日本プロレスは同年11月の『86ジャパン・カップ争奪タッグ・リーグ戦』シリーズ終盤戦1週間の日程でブロディの特別参加を発表したが、このときはシリーズ直前になってブロディが一方的に来日をキャンセル。新日本プロレスとの関係はここで終わった。プロモーター——このケースでは新日本プロレス——との交渉におけるこういった巧みなハンドリングも〝ブロディ革命〟のエッセンスということになるのかもしれない。

なぜブロディは全日本プロレスに戻ったのか

ブロディは、それからさらに1年後の1987年（昭和62年）10月、全日本プロレスに舞い戻ってきた。ブロディがジャイアント馬場に頭を下げて古巣への復帰を希望したのか、それとも馬場がブロディの力を必要としたのか、そのへんははっきりしない。どちらにしても、元のサヤにおさまったということなのだろう。ブロディと馬場のあいだには友情があって、ブロディと猪木のあいだには友情はなかったというふうに理解することもできる。

同年11月の『87世界最強タッグ決定リーグ戦』にはブロディのタッグ・パートナーとして

ジミー・スヌーカも全日本プロレスに復帰し、アブドーラ・ザ・ブッチャーも6年ぶりに〝馬場ワールド〟に帰ってきた。ブロディとハンセンはタッグチームの再編成を望まず、ハンセンはテリー・ゴーディとのコンビでリーグ戦にエントリーした。

翌1988年（昭和63年）3月、『チャンピオン・カーニバル』全4週間の日程にフル出場したブロディは、シリーズ序盤戦の3・27日本武道館大会でジャンボ鶴田を下し、5年ぶりにインターナショナル・ヘビー級王座を奪回。同シリーズ中、天龍源一郎、谷津嘉章、鶴田を相手に3度の同王座防衛戦をおこなった。いまになってみると、それはブロディが日本のオーディエンスに対して初めてみせたひじょうに献身的な姿勢だった。

全日本プロレスにブロディのインタビュー取材を申し込むと、ブロディ本人から「シリーズが終わったあと、ゆっくりとはなしをしたい」という回答があった。

インタビュー7（1988年4月22日＝品川パシフィックホテル）

24日間にタイトルマッチ4試合 こんな過酷なスケジュールをこなせるのはこのわたしだけだろう

敗れてなお意気盛ん――。4・19仙台大会でおこなわれたジャンボ鶴田とのインターナショナル・ヘビー級選手権において、じつにまる7年ぶりのピンフォール負けを喫したブルーザー・ブロディが現在の心境を語ってくれた。『88チャンピオン・カーニバル』でブロディが体験した〝タイトルマッチ4連戦〟とは。

天龍を苦しめた30分間の長丁場

――『88チャンピオン・カーニバル』では天龍源一郎、谷津嘉章と1試合ずつ、ジャンボ鶴田とは2試合おこない、全日本プロレスのトップグループ3人とシングルマッチでぶつかりました。3選手ともそれぞれタイプの異なるレスラーですが、とくに鶴田と天龍の比較論をブロディ選手の口からお聞きしたいと思います。4・15大阪大会の天龍戦は30分超の長丁場でした。

ブロディ　30分のファイトタイムは、わたしにとってはまったく長くはない。天龍にとってはいやに長く感じられたかもしれないがね（笑）。おそらく、いままで彼はあんなに消耗度の高い試合を経験したことがなかったのではないかな。わたしはいつでも60分フルタイム闘うつもりでリングに上がっている。ファンはどう思ったかな？

――観客にとってもあの試合はどっしりと重くて長い30分だったのではないでしょうか。

ブロディ　わたしがエンジョイしたのと同じくらい、観客もエンジョイしてくれたらいいんだが。内容的にはわたし自身も満足している。これはわたしからの質問なんだが、ファンは天龍と鶴田のどちらをほんとうのトップだと思っているんだ？

——現時点で全日本プロレスの話題をつねに独占しているのは天龍です。その意味では天龍をトップと考えていいでしょう。ただ、実力や資質、あるいは経験では鶴田のほうが断然上とみる人も多いでしょうから、この判断はひじょうにむずかしいです。

ブロディ　なるほどね。わたしのみたところでは、ガッツとスピリットは天龍、技術なら鶴田のほうがはるかに上。総合力では鶴田に軍配があがるよ。

——それがじっさいにリングで闘った方の結論なのですね。

ブロディ　そう、じっさいに天龍と鶴田のふたりとたてつづけにシングルマッチをやった者でなければ、ほうとうの意味で彼らの持つカラーのちがいを理解したことにはならない。外国人レスラーが日本のリングでシングルマッチをおこなう機会というのは、意外と少ないものなんだ。記録を調べてもらえばわかると思うが、ガイジンの試合は毎晩のようにタッグマッチばかりだ。ハンセン、ブッチャー、シンなどひんぱんに日本にやって来る選手でさえ、トップクラスの日本人レスラーとシングルマッチでぶつかるのは1シリーズにいちどだ。それもシリーズの終盤になって疲れがピークに達したころにね。

殺人的な日程にギブアップ寸前

——なるほど、そうかもしれませんね。

ブロディ　ところが、わたしは4週もつづけてTVマッチのメインイベントをつとめた。

3・27日本武道館の鶴田戦、4・4名古屋の谷津戦、4・15大阪の天龍戦、そして4・19仙台での鶴田戦だ。これらはすべてチャンピオンベルトがかかった重要な試合だ。たった1カ月のあいだにこれほどハードなスケジュールをこなしたガイジンがわたし以外にいただろうか。もしまちがっていたら訂正してほしい。

――NWA世界王者時代のハーリー・レイスでも、来日中のタイトルマッチはせいぜい3試合ほどでしたからね。

ブロディ　もちろん、ハンセンもブッチャーもグッド・レスラーだ。だが、今シリーズでわたしが体験したような過酷なスケジュールを彼らにも要求できるだろうか。わたしはそうは思わない。4週間もつづけてタイトルマッチをおこない、しかも最高のクオリティーの試合をファンに提供するのは一種の離れ業といってもいい。キミはどう思う？

――タイトルマッチを連続4試合というのは、われわれが考える以上にたいへんなことなのでしょうね。

ブロディ　無理に同意してくれる必要はないんだよ（笑）。キミはキミの意見を正直にいってくれればいいんだ。ただ、わたしの知る限りでは、こんなクレージーなスケジュールをこなせるのはブルーザー・ブロディしかいないということだ。1985年の夏、5週間におよぶ長いシリーズの最終1週間に大阪、東京、ハワイと3度もアントニオ猪木とシングルで闘ったこともあったが、あのときも、よくこんなことができたとわれながら感心した（笑）。ジメジメと暑い7月のことだったので、いまでもよくおぼえている。

――そんなこともありましたね。

ブロディ　ふつうのレスラーなら、ひとつのシリーズにいちどだけビッグマッチがあればそれで十分なんだ。毎晩のようにタッグマッチに出場しながらコンディションを整えて、ビッグショーでいっきに力を出し切るんだ。もし、天龍と鶴田がわたしと同じレベルの実力があるというのなら、あるいは同じスケジュールを乗り切れるというのなら、次のシリーズでブッチャー、シンをはじめとするガイジン全員とタイトルをかけて闘ってみたらいいんだ。

いいわけはしない鶴田戦での完敗

――どういうことでしょう？

ブロディ　これまで何度もいってきたと思うが、レスリングとは肉体だけで勝負するスポーツではないのだ。一瞬の判断力、経験、洞察力がものをいう。もちろん、フィジカルな部分だけで闘おうとする選手もいるだろう。それは数あるタイプのうちのひとつでしかない。たった24日間に4試合もタイトルマッチが用意されたら、肉体の強さだけで闘うことはできない。

――そうかもしれませんね。

ブロディ　プロフェッショナル・レスリングに限らず、どんなスポーツでもゲームのまえには時間をかけたコンディションづくりが必要だ。わたしのいうコンディションとは、フィジカルな調整だけでなく、メンタルな休養も意味する。フットボール・プレーヤーをみてほしい。シーズン中でも公式ゲームは毎週日曜に1試合だけだ。この試合をベストな状態でおこなうために、あとの6日間はトレーニング、作戦会議、そして休養のために費やすのだ。

――はあ。

ブロディ　ただし、問題はだ。さすがのブルーザー・ブロディも殺人的スケジュールには耐えられなかったということだ。仙台でのインターナショナル選手権については、負けたわたしに理由を聞くよりも、勝った鶴田を祝福してやるべきだろう。天龍も谷津も、フレアーもレイスも、そして猪木や藤波もできなかったことをなしとげたんだからな。

――日本のリングにおけるフォール負けは、1981年4月の『81チャンピオン・カーニバル』でジャイアント馬場に喫して以来、じつに7年ぶりのことですからね。

ブロディ　わたしは、アメリカでも過去10年間、完ぺきなフォール負けをしたことはない。だからこそ、鶴田の勝利には大きな意義がある。

——あれほどすっきりした形で勝負がついたのは意外でした。

ブロディ　鶴田戦の4日前には、大阪で天龍にかなり脚を攻撃され、その1週間前にも谷津戦で左ヒザを痛めてしまった。だが、わたしはいいわけをするつもりはない。わたしを倒した鶴田こそ全日本プロレス、新日本プロレスを問わずナンバーワンのレスラーなのだ。セカンドロープからの雪崩式ブレーンバスターにはびっくりしたと鶴田に伝えてくれ。負けることは決して恥ずかしいことではない。おそらく、世界でわたしにしかできない過酷なスケジュールを、ひとつの使命としてやりとげたことに誇りを感じている。

天龍と鶴田の決定的な差は感情と理性のコントロール方法だ
欲望とスピリットのバランス感覚、そしてメンタル・ハイスパートを理解できるか
タフな男よりもクレバーな人間と呼ばれたい

——鶴田戦でのフォール負けには、それほどショックを受けていないようですね。

ブロディ　もちろん、ショックさ。こうして試合が終わってから時間が経過するにつれてショックの度合いも大きくなってくる。こういうタイプのくやしさはこれまでいちども味わったことがないな。見てのとおり、わたしもすっかり白髪が増えてきたし、日本のファンもわたしの実力がピークを過ぎたものと考えているのではないかな。

——そうかもしれません。

ブロディ　しかし、それはちがうよ。ハンセンもブッチャーも、鶴田も天龍も、何年もまえから同じようなファイトをくり返しているが、わたしはそうではない。ブロディはいまでも変化しつづけている。よく考えてほしい。プロレスの世界に入ってから15年がたったいまでも、わたしはつねに新しい自分を開拓しようとしている。ここが平均点のレスラーとそうでないレスラーの差なのだ。

――平均点のレスラー、ですか？

ブロディ　わたしが鶴田に敗れたのはこの白髪のせいではないよ（笑）。ただ単にあの試合に関しては鶴田の読み勝ちだったというだけのこと。それだけだ。もちろん、作戦上のミスで試合を落としたことについてはひじょうに残念に思っている。日本に初めて来てから数えて9年になるが、わたしが手を焼いたレスラーは鶴田と猪木のふたりだけだ。仙台での試合は内容的に満足のいくものだっただけに、ああいう結果になってしまったことが悔やまれる。

――精神的なダメージが大きそうですね。

ブロディ　しかし、鶴田がほんとうにわたしよりもベターであるかどうかはまったく別問題だ。世界でいちばんタフな男がわたしだなんていおうとしているんじゃない。リングのなかで、わたしがいかにクレバーな人間であるかという点を論じているのだ。プロレスのおもしろさはそこにある。

――ずいぶん抽象的な表現です。

ブロディ　プロレスファンは知識を持っているのだ。いったいだれがタフでケンカが強いかよりも、いったいだれがクレバーなのかが重要だ。だからこそわたしと鶴田、わたしと天龍、あるいはハンセンと天龍の闘いにファンが関心を示すわけだ。殴り合いをやったらボクサーがいちばん強いに決まっている。レスラーの価値は、ゲーム展開のうまさで決まるといっていいだろう。

天龍は70パーセントの精神と30パーセントの技術で闘っている

――試合運びの妙味ですか。しかし、天龍などは〝うまさ〟で勝負するタイプではないのでは?

ブロディ　試合の組み立てでは天龍もエクセレント(優秀)さ。ただ、彼は70パーセントのスピリットと30パーセントのテクニックで闘っているようだ。精神的に充実しているうちはいいが、この闘い方では大きなリスクを冒さなければならない。なぜなら、人間のハートなんていつグラグラくるかわからないからだ。スピリットがピークにあるあいだにテクニックを磨くことを考えたほうがいい。そして、敵をよく知ることだ。鶴田はわたしのことを呆《あき》れるくらい研究していたよ。

――プロレスは頭で勝負する、というのがブロディ選手の持論ですね。

ブロディ　だからこそ、鶴田と天龍の闘いはこれからがおもしろくなってくるんだ。鶴田のスピリットも、天龍と同じくピークに達しつつある。わたしは、第三者の立場で彼らの闘いぶりに注目している。精神的にピークにある者同士のぶつかり合いになると、勝敗の分かれめはここ（頭を指さして）で決まるのだ。わたしがいわんとしているのはそれなんだよ。

――ブロディ選手の見解では、鶴田のほうが天龍よりもベターなんですね。

ブロディ　天龍はわたしに勝てなかったが、鶴田はわたしに勝ったんだ。これほどはっきりした答えはないだろ。

――そういえば、あなたと鶴田のリング上でのリズムはひじょうによく似ていますね。大技と小技のあいだでみせる、独特の〝間〟の置き方などそっくりです。波長が合うのでしょうか？

ブロディ　質問の意味があまりよく理解できないんだが。

最後のインタビュー（1988年8月＝品川）

――リズムです、リズム。大技を出したかと思ったら、フッと休んでみたり、休んでいるかと思ったらこんどはものすごい勢いで攻めたりという、独特の呼吸とでも表現したらいいのでしょうか。

ブロディ　わたしと鶴田のリズムがか？　わたしはそうは思わないがね。

――おそらく、ブロディ選手も鶴田も長期戦が得意なんだと思うのです。だから、試合の組み立てそのものは必然的にスローペースになりますよね。

ブロディ　わたしの動きがスローにみえるとしたら、それはユーがレスリングのことをまったくわかっていないせいだ。

――そうでしょか？

ブロディ　プロレスリングに限らず、プロと名のつくスポーツで生計を立てている者は、その分野のエキスパートなのだ。フットボールでもベースボールでも、ゲームに勝つためにはまず自分がかかわっているスポーツをとことん知ることだ。〝ベター〟と〝ベスト〟のちがいは知識とスピリットで決まる。各プレーヤーの素質やコンディションにはそれほど大きな差はない。

鶴田は感情をコントロールする力を持っている

――鶴田があなたから完ぺきなピンフォールを奪った理由も、やはり〝知識〟と〝スピリット〟だったのでしょうか。

ブロディ　おそらく、彼はわたしの古い試合のビデオを何度も何度もくり返しくり返し観たんじゃないかな。基本的にレスリングはひじょうにゲーム性の高いスポーツなんだ。単に体の大きい男がリングに上がってボディースラムでもやっていればすむというものではない。しかも、わたしたちくらいのレベルになると、ときとして相手の技を意図的に受けておいて、その次の動きで流れを逆転するという方法をとる。いってみれば、チェスのゲームのようなものだ。

――まるでカール・ゴッチのような発言ですね。驚きました。

ブロディ　わたしはゴッチについてはあまりよく知らない。あくまでもわたしの経験をしゃべっているんだ。鶴田もきっと同じことをいうよ。天龍はどうかな。彼は、わたしや鶴田よりも〝肉体〟で勝負をかけてくるタチだからな（笑）。

――しかし、そこがファンの共感を得ているいちばん大きな理由でしょう。天龍は、みずからの体をイジメ抜くことで全日本プロレスのトップにノシ上がってきたのです。

ブロディ　ちょっと待て。わたしはレスラーの人気について話していたつもりはないぞ。どんな選手がほんとうに完成されたプロかという点を論じていたはずだ。人気と実力はまったく別のものだ。そこをまちがえてはいかん。

――人気と実力をごちゃまぜにしたつもりはありません。そもそも、レスラーの精神論についてしゃべりはじめたのはあなたのほうです。

ブロディ ユーもだいぶ混乱しているようだな（笑）。ならばいおう。天龍は〝感情〟だけで闘っているが、鶴田は〝理性〟を持ってリングに上がっている。ここで大切になってくるのはメンタルな部分をコントロールするバランス感覚だ。感情が先走ると、物事がクリアに見えてこないものだ。

――そうなると、考えれば考えるほど鶴田戦での完敗は重大な敗北と理解していいわけですね。

ブロディ はっきりいってくれるな。わたしは、生まれて初めてメンタル・ハイスパートに負けてしまった。ただ、さっきもいったとおりレスリングの試合はチェスのゲームのようなものだからね。鶴田は再びわたしの挑戦を受けなければならない。天龍もわたしから逃げることはできない。……もっとも、最近は日本のファンも感情的になっているようだから。あとはいわなくてもわかるだろ？ **レベルの低い人間を相手にすると自分のレベルまで下がってしまう〝主役〟でなくなったらリングから去る。人気者になりたいとは思わない**

――ブロディ選手からみると、最近の日本のファンは感情的になっているのですか？

ブロディ　わたしもそれなりに日本のプロレス界の事情には興味を持っていてね、関係者や顔見知りのファンからいろいろ情報収集をしているんだが、ほとんどの人が全日本プロレスのナンバーワンは天龍だというんだな。

——やっぱりそう思うでしょうね。

ブロディ　そこで、わたしはこう問い直すのさ。〝モースト・ポピュラー〟が天龍なんだろうって。すると、ほとんどの人は、そうだ、いちばん人気があるのは天龍だと答える。わたしはいってやるのさ。人気があっても、いいレスラーにはなれないんだぞ、とね。あまりにも多くの人びとが人気と実力を混同してしまっているのさ。頭に血が昇って、考える力を失っている。わたしが〝感情的〟といったのはそういうことなのだ。

——ファンのほうも〝天龍効果〟に巻き込まれているということですか。

ブロディ　ハート Heart ばかりで物事をとらえようとして、ヘッド Head を使おうとしない。はっきりいわせてもらえば、天龍は決してトップレスラーではないよ。わたしのオーダーでは、日本人なら①鶴田②天龍③猪木、ガイジンでは①ブロディ②ハンセン③ブッチャーとゴーディだな。

——やっぱり、あなた自身が外国人サイドのナンバーワンなのですね。

ブロディ　これは人気投票ではないんだぞ。だれがほんとうにベストなのかだ。もちろん、ユーがわたしの意見に同意してくれる必要はない。ほかのレスラーに聞けば、おそらくちがった順位をつける者もいるだろう。だが、ひとつだけはっきりさせておきたいのは、わたしは人気者になりたいなんて思ってはいないということだ。人気だったら①天龍②猪木③鶴田、長州、藤波あたり、ガイジンなら①ハンセン②ブロディ③ブッチャーの順になるだろう。どう思う?

——人気という面では、あなたよりもハンセンのほうが数段上でしょうね。

ブロディ　ハッハッハ。そうビクビクすることはないぞ。ファンがどう思おうと、そんなことはどうだっていい。ただし、わたしの技術と才能は認めてもらいたい。ファンのサポートはありがたいが、それがレスラーの価値を決めるとは思わない。

プロレスはわたしにとって生活の糧

——しかし、3・27武道館大会で鶴田を破りインターナショナル王座を奪取したあなたは、試合後、客席のファンと抱き合って喜んでいましたね。ブロディ選手があういう人間的な一面をみせたのはちょっと意外でした。

ブロディ　わたしにだって人並みの感情はあるさ(笑)。喜びはより多くの人びとと分かち合いたい。わたしは、ファンなんていなくてもいいといったおぼえはない。応援してくれるのはありがたいことだが、ファンのほうでは好みのレスラーは自分たちで決めるのがいい。レスラーはあくまでもリングに上がって試合をするのがつとめなのだから。

――ブロディ選手にとって、プロレスとはいったいなんなのですか？

ブロディ　いちばん大切なことは、わたしにとってレスリングがライブリーフッド（生活の糧）だということだ。リングに上がることによって、わたしは家族を養っている。わたしは過去15年間、闘うことによって家庭を守ってきた。そして、これからもそうやって生きていく。まあ、そんなことはユーにしゃべる必要はなかったかもしれんな……。

――いえ、もうちょっと話してください。

ブロディ　レスラーという職業はトータルな技術で勝負するものなのだ。ほかの者よりも高い技術を持っていれば、必ず上へ上へと昇っていける。そうすれば、結果的にビッグマネーを稼ぐことができる。もし技術がなかったら、この世界でマネーを稼ぐことはできない。金にならないのだったら、なにかほかの仕事を見つけたほうがいい。レスリングは単なるスポーツじゃないんだ。生活をかけたビジネスなんだ。わかるか？

――そうはっきりと〝ビジネス〟といわれると、なんとなく夢が壊れますね。

ブロディ　ノー、ノー、誤解しないでくれよ。フットボール、ベースボールをみてほしい。プレーをしはじめたころの数年間は楽しくて楽しくてしようがない。自分の好きなことをやってこんな大金をもらっていいのか、という気持ちになる。だが、長くプレーをつづけ、その世界の超一流とトップレベルで競う合うようになると、あれほど好きだったスポーツが苦痛になってくる。リングに上がっていかに楽しみながらレスリングをしようと思っても、もう楽しめるはずがない。あるのはプレッシャーだけだ。他人よりも少しでも優れていなかったら、生き残ることはできない。自分よりもベターな選手が現れたときは、潔く退くことだ。

〝前座〟の試合なんてとても耐えられない

――そして、ブロディ選手はまだまだトップの自負を持っていると。

ブロディ　もちろんさ。わたしは前座の第2試合なんかには絶対に出たくない。セミファイナルだっていやだ。わたしはメインイベントで試合をするべきレスラーなのだ。世界タイトルやインターナショナルのチャンピオンベルトを保持していて当然のレスラーだ。もし、主役になれないようなら、もうリングには上がらない。

――たいへんな自信ですね。

ブロディ　それはわたしだけに限ったことではない。そのくらいの気持ちを持っていなかったら、トップの座に立てるはずがない。レベルの低い者を相手にしていると、自分のレベルまで落としてしまうことになる。そんなことは、わたしには耐えられない。こうして日本にやって来て、毎晩のように前座の6人タッグマッチに出場するようだったら、もう

生涯最後の来日

1988年4月15日大阪での天龍戦

第2章

フミ・サイトーが見たブロディという人物

1988年3月27日＝日本武道館

鶴田からインター王座を奪取

二度と戻ってこないほうがいい。鶴田、天龍、ハンセンのような男たちを相手にすれば、わたし自身のレベルを高めることにもなる。一流とはそういうものなのだ。

——日本語ではそれを〝切磋琢磨《せっさたくま》〟といいます。それにしても、ブロディ選手のプライドの高さには呆れかえるというか、頭が下がります。

ブロディ　鶴田も天龍ももうヤングボーイではない。わたしも、もう決して若くはない。レスリングそのものが楽しかった時代はとうの昔に過ぎ去ってしまった。わたしと鶴田、わたしと天龍の闘いには10年、15年というキャリアの重みがのしかかっているのだ。彼らとの試合は10年、15年のハードワークが〝賭《か》け金〟になっている。わたしはブルーザー・ブロディというブランドの持つ価値を守らなければならない。

——BRODYはブランドなのですね。

ブロディ　わたしはもう若くない。守らなければならない家族もいれば、守らなければならない仕事もある。そして、なによりもわたしには守らなければならないプライドがある。いつも、自分との闘いなのだ。

まるで〝最終回〟のようなインタビューだった。それはブロディにとって生涯最後の来日、筆者にとってはブロディと会った最後の日だった。

第3章

ハンセン、ブッチャーらが語る刺殺事件の衝撃

スタン・ハンセンが語る友人ブロディ

フランクは人生に妥協しない男だった
いまブロディイズムのルーツが初めて明らかにされる
ルイジアナでの悲惨な下積み生活が反骨精神のバックボーンだった（1988年8月29日）

ブロディとの想い出を語るハンセンの表情は、意外にも明るかった。親友の非業の死から1カ月の時間が経過し、プエルトリコでの痛ましい事件を現実のものとしてとらえるだけの心の強さを取り戻すことができたのかもしれない——。

——ブロディとの出逢いは、ウエスト・テキサス州立大学時代でしたよね。フットボール部のチームメイトだったということでしたが。

ハンセン　俺がミドル・ラインバッカーで、フランクがディフェンシブ・エンドだった。ただ、いっしょにプレーしたのは半年くらいだった。フットボールというのは細かいフォーメーションがたくさんあって、見た目よりもずっとデリケートなスポーツなんだけど、フランクときたら作戦もなにもおかまいなく、ひとりで好き勝手に暴れていたもんだよ。フランクはテキサスに来るまえにアイオワ州立大にいたんだけど、コーチとケンカしてチームを追い出されたんじゃなかったかな（笑）。

――年齢では、あなたよりブロディのほうが3歳上ということでしたが。

ハンセン　コーチとケンカなんかして学校を途中でやめたりしていただろ。だから、学年ではたしか俺と同じだったんじゃないかな。でも、彼がまじめに授業に出ていたなんて話は聞いたことなかったね。まあ、フランクは昔からクレージーだったよ。

――まあ、ヘンな話ですが、ブロディは学生時代からああいうヘアスタイルをしていたんですか。

ハンセン　いや、クルーカットっていうか、かなり短くしていた。でも、俺みたくきれいなスポーツ刈りにならなくってな、耳の上あたりの毛がなんとなく波打ってた（笑）。ナチュラル・カーリー、天然パーマだったんじゃないかな。

――スポーツ刈りのブロディというのも、見てみたかったような気もしますね。いっしょにフットボールをやったのは半年ほどということでしたが、ブロディはウエスト・テキサス州立大を飛び出してしまったのですか。

ハンセン　うーん、どうだったのかな。まともに単位が取れていれば1968年には卒業したはずなんだが、いずれにしても、彼は1969年（じっさいは1970年）にはワシントン・レッドスキンズに入団していた。

――大学を出てからはブロディと顔を合わせることはなかったんですね。

ハンセン　フランクと再会したのは、俺がこの世界に入って1年ほどしてからだった。当時の俺はまだかけ出しだったんで、いろいろなテリトリーをまわっていてね。ダラスにもよく顔を出していた。そこでレフェリーをしていたブロンコ・ルービックという男から、フランク・グディッシュという体のデカイのがデビューするという話を聞かされた。俺はぶったまげたさ。えー、あのクレージーな男がか、とね。ところが、よく話を聞いてみると、そのグディッシュってのは内気で、おとなしくて、おどおどした男だというじゃないか。

――ちょっとブロディのイメージからはかけ離れていますね。

ハンセン　そうだろ？　俺もてっきり人違いかと思ったさ。それから2週間後だったかな、フォートワースの会場でルービックからフランク・グディッシュを紹介された。そうしたら、俺の知ってるフランクじゃないか。うれしかったね、あのときは。そこで俺はヤツにいってやったのさ、おい、おとなしい男ってことになってるらしいじゃないかってね。

――ブロディはなんと答えました？

ハンセン　そうしたら、フランクのヤツ、口元に人さし指をあててニヤッと笑うと「シーッ、俺はいまクールにしてるんだ。まだデビューしたばかりだからな。そのうちだんだんとやりたいように暴れさせてもらうんだ」と答えた。あいつははじめからプロモーターをだまそうとしていたんだ(笑)。

――それからタッグを組んでルイジアナへ行ったのはフランクが先だったのですか。

ハンセン　いや、ルイジアナへ行ったのはフランクが先だった。当時はリロイ・マクガークがプロモーターで、ブッカーはグリズリー・スミスとリップ・タイラーのふたりだった。オフィスは、俺をベビーフェースで使おうかヒールにしようか決めかねていた。

――ブロディはどうでした?

ハンセン　フランクはベビーフェースだったんだ。それが、ある日、おもしろい事件があってな、ルイジアナのアレキサンダーというちいさな町でファンが暴動を起こしたんだ。メインイベントはケン・マンテル対バック・ロブレイだったんだが、ロブレイがファンに襲われてビール瓶で殴られて血だらけにされた。それをバックステージで見ていたフランクは、長さが3メートルくらいある角材を持ち出して、客席になだれ込んでいって、観客と乱闘をはじめたんだ。

――アメリカの試合会場は血の気の多いファンが多いですからね。

ハンセン　フランクはロブレイと仲がよかったからな。俺は、フランクが飛び出していったのを通路から見て「やめろ、やめろ、お前はベビーフェースなんだぞ」って叫んでやったんだが、ヤツはそんなことおかまいなしさ。角材を振りまわして、30人くらいのファンにケガを負わせた。あいつが暴れだしたら警官も止めることはできなかった。しまいには俺も出ていって、フランクといっしょに50人くらい殴り倒してやった（笑）。

——よく逮捕されませんでしたね。

ハンセン　あー、楽しかったなー。若くて、バカで、みさかいもわきまえもなくて、グリーンボーイだったんだよ、俺たちは。ビール飲んじゃあ、殴りっこのケンカばっかりしていた学生時代と同じさ。いま考えても、腹の皮がよじれる。ワッハッハッハ。

——よくわからない人たちですね。

ハンセン　でも、プロモーターにはちっとも叱《しか》られなかったぜ。けっきょく、俺たちはコンビを組むことになった。タッグチームらしく見えるように工夫しようと思って、俺はフランクにテンガロンハットを貸してやった。ふたりともテキサンだもんな。当時の写真でフランクがかぶっていた白い帽子だよ。それなのに、あいつ、ある日どこかのレストランにそいつを置き忘れてきやがった……。

——その後、1年ほどルイジアナをいっしょにサーキットしたのですね。

ハンセン　ちょうどあのころだったんじゃないかな。フランクがこのビジネスに対するアテテュード（姿勢、心がまえ）を固めていったのは。

——どういうことでしょう？

ハンセン　俺たちがルイジアナをサーキットするようになってからしばらくして、ビル・ワットがブッカーとしてオフィスに入ってきた。あのころのギャラは週３００ドルぽっちだったが、１週間に４０００マイルも車を飛ばして移動していた。もちろん、ホテル代も食事も自腹だ。しまいにはモーテルに泊まる金もなくなって、ふたりで車のなかに寝たもんだ。

——グリーンボーイの生活は、それほど悲惨なものなのですか。

ハンセン　車のなかで寝るなんてことは我慢できるさ。ただ、腹が立ったのは、そんな生活をしている俺たちを見て、ワットたちが「あの頭の悪いフットボール野郎たちは乞食も同然」といって笑い話のタネにしていたことなんだ。まともな生活ができるだけのギャラを払わなかったのは自分たちなのにだ。

——ひどい話ですね。

ハンセン　それがプロモーターっても

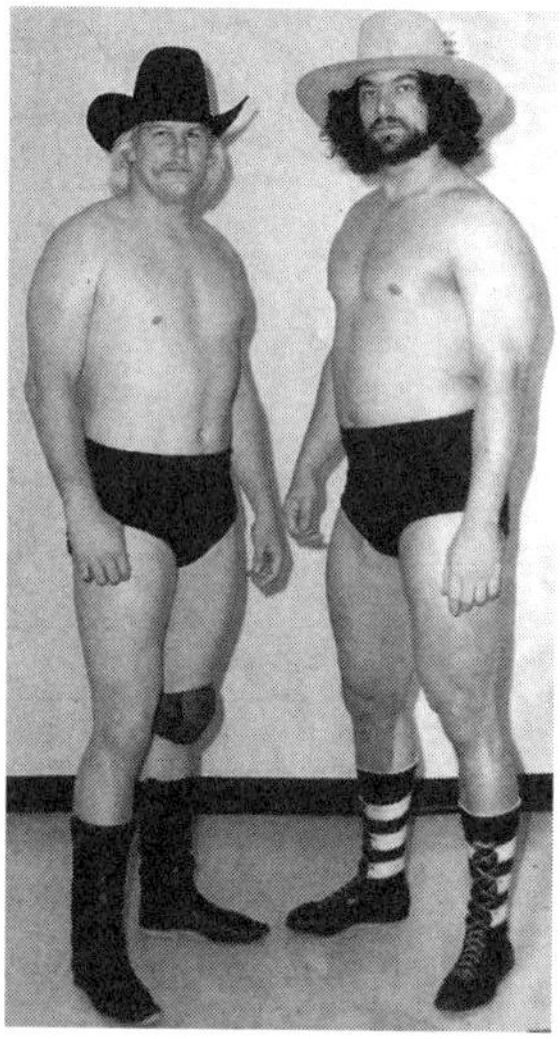

ルーキー時代のハンセンとブロディ

んだよ。レスラーの生活、家庭なんてどうなったってかまいやしないんだ。フランクは神経が細かいところがあったから、ある意味では俺以上に「いつか見ていろ」という気持ちを持ったんじゃないかな。それ以来、フランクはオフィスの人間とは明らかに一線を画すようになった。

――その後、あなたはWWWF（現在のWWE）でブルーノ・サンマルチノの世界ヘビー級王座に挑戦したわけですね。

ハンセン　そうだ。俺にとってはまたとないビッグチャンスだった。おもしろいもので、フランクも俺のすぐあとからニューヨークにやって来てブルーノに挑戦した。ビンス・マクマホン・シニアからブルーザー・フランク・ブロディというリングネームをもらったのはそのときだ。

――〝ブロディ〟はマクマホン・シニアのアイディアだったのですか？

ハンセン　スタン〝ザ・ラリアット〟もマクマホン・シニアがつけてくれたニックネームだ。ブルーノに挑戦したあとも俺たちはニューヨークに残り、また5カ月ほどいっしょにツアーをまわった。

フランクは完ぺきな個人主義者だった

自分の意志で運命を切り開き、生きて、死んだ

——そして、いよいよ日本を主戦場としていくわけですね。

ハンセン　俺やフランクが日本をメインにしていこうと考えたのは、さっき話したグリーンボーイ時代の経験と深く関係している。はっきりした額はいえないが、アメリカのレスラーが日本に来るときは、1週間どのくらいのギャランティーで年間何週間の契約というシステムがはっきりしている。プロモーターが報酬をプロミス（約束）してくれるから、こちらもいい仕事をプロミスできる。それがビジネスじゃないか。そうして俺はいまから11年前に新日本プロレスを選び、フランクも別のルートから全日本プロレスを選んだ。

——あなたが1977年に新日本プロレスのリングに上がってから、1981年12月に全日本プロレスへ電撃移籍を果たすまでの4年間、ブロディとのタッグを日本で復活させたいと考えたことがありましたか。

ハンセン　俺が全日本プロレスに移った理由はまったく別のところにあったが、フランクとまたタッグを組むことができるようになったのはうれしかったよ。でも、誤解してもらっては困るが、俺たちはロード・ウォリアーズではないんだ。一人ひとりが完成されたシングルプレーヤーであって、しかもタッグを組めば第3のアイデンティティーが生まれる。そんなチームだった。たしかにテッド・デビアスもいいレスラーだし、テリー・ゴーディもがんばってくれる。だが、だれもフランクの代わりにはなれない。

――昨年の『87世界最強タッグ』ではブロディとのタッグ再々結成は実現しませんでした。

ハンセン　3年前にフランクが新日本プロレスに移った時点で、実質的には俺たちのタッグチームは解散したんだ。それぞれがそれぞれの道をいくには、ちょうどいいタイミングだったんじゃないかな。そして、いつかは闘わなければならない日が来ることをおたがいが知っていた。フランクも俺との試合を楽しみにしていたのではないか、それも日本でね。リングの上の話だけに限っていえば、ブロディが死んでしまって残念なのはそれかな。リングの外での話となると……ちょっと言葉ではいい表せないな。

――……。

ハンセン　プエルトリコの事件が悪い夢であることを祈った。でも、現実は現実だ。でも、俺はこのとおり大丈夫だよ。心配なのはフランクの息子のジェフリーさ。まだ8歳の子どもなんだぞ。フランクはほんとうに個人主義者だった。自分の意志で運命を切り開き、生きて、そして死んだ。ジェフリーは、これからお父さんなしでそれをやっていかなければならない。あの子は目のあたりから鼻にかけてフランクに生きうつしだな。きっと、フランクのような男になれると思う。

アブドーラ・ザ・ブッチャーが語るブロディの魂

フランクの魂が俺に語りかけてくれた（1988年8月20日）

ブロディにとって、ブッチャーはハンセンとはまたちがった意味でもっとも親しい友人だった。プエルトリコでの事件以来、眠れない夜がつづいたというブッチャーが、いまようやくブロディとの想い出を語った。

――ブロディが刺された7月16日、あなたは現場となったロブリエル球場に居合わせました。事件が起きたのは午後7時45分ごろということですが、そのときあなたはどこにいましたか。

ブッチャー　ヒール側のドレッシングルームにいた。俺はメインイベントでカルロス・コロンのWWCユニバーサル王座に挑戦することになっていて、ブロディはたしか上から3番めのシングルマッチでダニー・スパイビーとシングルマッチをおこなうことになっていたはずだ。プエルトリコでは俺がヒール、ブロディがベビーフェースだったので試合会場に入ってから顔を合わせることはなかった。また、俺がそこにいれば事件は起こらずにすんだかもしれない。

――〝騒ぎ〟はすぐにレスラーたちの耳に入ってきたのですか。

ブッチャー　8時半ごろ救急車が入ってきて、ドレッシングルームのまわりがあわただしくなった。「ブロディが刺された！」とな。病院にはトニー・アトラスが付き添っていったが、そのときはかすり傷くらいかと思っていた。

――それで、あなたはスケジュールどおり、試合に出場したのですね。

ブッチャー　すでに試合ははじまっていたし、俺も予定どおりにリングに上がった。ほかのレスラーたちも皆、そうした。ホゼ・ゴンザレスも含めて……。

――まさか、あのままブロディが死んでしまうとは思わなかった。

ブッチャー　ヒールのドレッシングルームにいた選手のうち何人かは、試合が終わってホテルに帰るまでブロディが刺されたことさえ知らなかった。翌日もビッグショーがおこなわれることになっていたんだが、アメリカ人レスラーのほとんどが出場をキャンセルしてしまったので、興行は中止になった。俺も17日の試合にはどうしても出る気になれなかった。

――ブロディの死を知らされたのは、事件の翌朝でしたか？

ブッチャー　そうだ。16日の夜はブロディのことを考えて一睡もできなかった。それで、ひと晩じゅうホテルのロビーと自室を行ったり来たりしていた。そして、悪い知らせが来た。

——ブロディが亡くなったと。

ブッチャー　そのとおりだ。だが、俺はそれをだれかから伝えられたわけではない。ブロディの魂 soul が俺のところへやって来て、こう訴えかけたんだ。「俺のワイフがいまこちらへ向かっている。俺は会いにいってやれない。ブッチ、お前が会ってやってくれ」と。

——ブロディの魂 soul が、ですか？

ブッチャー　俺はブロディの言いつけどおり、サンファン空港へ急いだ。ブロディのワイフにはいちどだって会ったことなどないのにだぞ。そして、俺がブロディの天からの声を聞いてから5時間後、彼女は息子のジェフリーといっしょにプエルトリコに着いたんだ。俺は彼女たちを見つけようと思って、夢遊病者のようにエアポートのなかを歩きまわった。すると、前から歩いてきた子ども連れの婦人が「こんにちは、ブッチ」と声をかけてきた。彼女のアクセントを聞いた瞬間、あっ、この人がバーバラなんだとわかった。ニュージーランドなまりの英語だったから。

——それから、どうしました？

ブッチャー　彼女は「フランクの容態はどう？」とたずねるんだ。そして、俺は彼女に「フランクはもういない」と答えねばならなかった。

――バーバラ夫人にブロディの死を告げたのは、あなただったのですか。

ブッチャー　バーバラは、その場でヒザから崩れ落ちた。俺は彼女に、そんなことをしてはいけない、フランクはあなたに強い女性でいてほしいと願っている、と伝えた。すると彼女は「わかっているわ」といって、立ち上がった。ジェフリーもそこに立っていた。

――気丈な女性ですね。

ブッチャー　フランクはすばらしい女性と美しい息子に恵まれた。この世でいちばん大切なものはファミリーと神だ。ブロディの魂soulは、そのことを俺に教えてくれようとしたんだと思う。

――それから、バーバラさんとジェフリーくんを病院に連れていったのですか。

ブッチャー　いや、コンコースの反対側からカルロス・コロンのワイフのナンシーがやって来た。ナンシーは俺を発見するなり「ブッチ、ここでなにをしているの?」とたずねた。バーバラとジェフリーがプエルトリコに来ることを知っていたのはコロン夫妻だけだったからだ。俺は、ブロディの魂 soul に導かれるままにエアポートにたどり着いただけなのだから。フランクの死をバーバラに伝えられるのは俺しかいなかった。

――……。

ブッチャー　バーバラとジェフリーのふたりは、そのまま空港からミセス・コロンの車に乗り込んだ。バーバラは、車のなかからウインドーに手を当てて俺にさようならを告げた。俺も、そのウインドーに手を当てて、ガラス越しにバーバラの手のぬくもりを感じとろうとした。それで、おしまいだ。

――先ほどからブロディの魂 Brody's soul ということばをお使いになっていますが、いったいどういうことなのでしょう。

ブッチャー ブロディのスピリットが肉体から離れようとしているころ、彼の声が聞こえてきた。それも何度も何度もだ。「バーバラとジェフリーがもうすぐ来る」とか「俺の家族をよろしく頼む」とか、ブロディの魂 soul が俺の耳元でささやきかけてきた。ブロディと俺の付き合いは長い。もう10年以上、世界じゅうをいっしょにまわった。日本、ジョージア、AWA、ダラス、フロリダ、プエルトリコとどこへでも行った。

――それほど親しかったあなたとブロディが正式にタッグチームとして活動しなかったのはなぜでしょう?

ブッチャー もしもタッグを組んでいたら、最強のチームになっていたことはたしかだろう。だが、俺たちはあえてそれをやらなかった。プロレスラーはパワー・ハングリーなんだ。まわりにいる人間は、すべて敵なんだ。力がすべてなんだ。ハンセンがブロディとのコンビを解散したのも同じ理由だ。けっきょく、ほんとうに信頼できるのは家族と神しかいないんだ。

——なるほど。

ブッチャー　だれでも、現世を去らなければならない日がやって来る。それはいったいいつのことなのか。神にしかわからない。ブロディだってこんなに早く天国へ行きたくはなかっただろう。だからこそ、われわれは信じなければならない。なにを？　神をだ。

——信仰を持て、神を信じなさい、と。

ブッチャー　神は天と地を創造した。主はいつでもわれわれを見守ってくださっている。主は決して眠らず、影となり、右手となりながら、われわれを悪から守ってくださる。魂soul を守ってくださる。われわれの行くてを守ってくださるのだ。ユーにいいものをみせてやろう。これは俺が通っているアトランタのバプティスト教会のムーン牧師からいただいたお守りなんだが、いつも肌身離さず持ち歩いている。

——そこまで信仰深いとは知りませんでした。

ブッチャー　われわれの運命を知っているのは神だけだ。俺は神のお告げに従い、ブロディの鎖を譲り受けた。このチェーンは俺のものだ。ハンセンにもスヌーカにも渡すわけにはいかない。

I will lift up my eyes to the mountains;

My help comes from the Lord who made heaven and earth.
He will not allow your foot to slip. He who keeps you will not slumber.
The Lord is your keeper, the Lord is your shade, your right hand.
The Lord will protect you from all evil;
He will keep your Soul. The Lord will guard your going out
and your coming in from this time forth and forever.
Your friend in God,
Kyung Yul Moon, Pastor

ジミー・スヌーカが語る〝ブラザー〟の喪失感

ブラザーの魂はいつもすぐそばにいる（1988年8月20日）

スヌーカは、ブロディの名パートナーであり、全日本プロレス－新日本プロレス－全日本プロレスとつねにブロディと行動をともにしてきたただひとりのレスラー。私生活でも〝ブラザー〟と呼び合うほどの仲だった。

シンガポールで知ったブラザーの死

――まず、あなたがブロディの突然の死を知らされたのはいつでしたか。

スヌーカ　7月18日の月曜、シンガポールのホテルで知った。

――シンガポールですか?

スヌーカ　カナダのプロモーター、スチュー・ハートがアレンジしたツアーで、俺とマーク・ルーインが中心となって東南アジアを2週間の予定でサーキットしていたときのことだ。ブロディが死んだことはプエルトリコにいたレスラーたちからの情報ですぐにアメリカ本土にいる仲間たちの耳に入った。そして〝ウワサ〟はその日のうちにカナダに伝わり、スチューの家の者がハワイにいる俺のワイフに電話をかけ、そのあとでワイフが俺の滞在先のホテルに連絡してきた。

――プロレスラーの情報ネットワークはさすがに早いですね。

スヌーカ　だが、俺のワイフも、ブロディがプエルトリコで殺されたということ以外はなにもわからないというじゃないか。犯人が現地のレスラーで、ドレッシングルームでのトラブルが原因だったということがわかったのでさえあとになってからだった。まったく、なにがなんだかわからなかった。

――プエルトリコからの情報がまずアメリカとカナダに伝わり、それからハワイを経由してシンガポールまで伝わったわけですから、くわしいことがわかるはずがありませんね。

スヌーカ　しかも、どれも耳から耳へと伝わった情報だろ。だれかが流した悪いデマであることを願ったよ。だが、地球の裏側にいたんじゃあどうすることもできないから。

――そのあと、予定どおりシンガポール・ツアーをつづけたわけですね。

スヌーカ　そうだ。しかし、それからはどうしても試合に集中することができなくなってね。いっしょにいたルーインもブロディとは親しかったし、ほかのレスラーたちも試合ができるムードではなくなっていた。

――最後にブロディと会ったのは、ことし4月の『チャンピオン・カーニバル』でしたか。

スヌーカ　そうだった。ブラザーはテキサスに住んでいたし、俺はハワイ。アメリカではなかなか会う機会がなかった。ゆっくりとはなしをしたのは、7月のはじめにブラザーが俺の家に電話をかけてきてくれたときだった。今後のプランを話し合ったのに……。

神について語り合える友だちだった

――そういえば、あなたは全日本プロレス―新日本プロレス―全日本プロレスと、ブロディとつねに行動をともにしたただひとりのレスラーでした。おたがいをブラザー（兄弟分）と呼んでいましたし、日本ではプライベート・タイムもいつもいっしょでしたね。

スヌーカ　ブラザーと俺は、プロレスラーであるまえにファミリー family、ラブ love、ゴッドGodについて語り合える友だちだった。ふたりでいるときはビジネスに関するはなしはほとんどしなかった。ブラザーは日本に知り合いが多かったから、シリーズ巡業中はいろいろな人たちと会い、いっしょに食事をし、酒を飲んだものだ。ブラザーは日本の国を、日本人を愛していた。

——1985年（昭和60年）12月、ブロディが新日本プロレスの『IWGPタッグ・リーグ戦』の決勝戦をボイコットしたときのことをくわしく話してくれませんか。

スヌーカ　もうずいぶん昔のことみたいだな。トラブルの原因は俺からは説明できない。ただ、ブラザーが仙台へは行かないといい出したからには、俺もあのまま新幹線に乗っているわけにはいかなかった。あのとき、ブラザーをひとりにしておくことはできなかった。

——考えなおして試合に出るように説得はしなかったのですか。

スヌーカ　そんなことはまったく考えなかったな。どんなことになっても、ブラザーといっしょにいてやることが大切だったんだ。たとえ、日本じゅうのファンを敵にまわすことになっても、俺はブラザーの味方でいようと思った。

——いったいどうして、そこまでしてブロディについていこうと思ったのですか？

スヌーカ　……、どうしてだろうな。やっぱり兄弟brotherなんだろうな。ほんとうにわかり合えるフレンズなんて、一生のうちに何人もめぐり逢えるものではない。俺にとって、ブロディはそんな男だった。彼が死んだとき、すぐそばにいてやれなかったことが悔やまれる。

いま は〝事件〟を忘れる時間が必要

――ブロディについてこれ以上話すのはつらいでしょうね。

スヌーカ　ここ数週間、だれとしゃべっていてもブラザーのことばかりが話題になる。きようも、どこかでだれかがブルーザー・ブロディの不在を悲しんでいる。いつもだれかがブロディのことをなつかしんでいる。

――日本のファンも、ブロディのことがどうしても頭から離れないのです。

スヌーカ　プエルトリコでの事件のことを忘れるには、長い時間とエナジーが必要だ。ブラザーの死は、ゆっくりと時間をかけなければ俺の頭からも離れていかないだろう。ブロディとかかわってきた人たちの心のなかからブラザーの姿が消えてしまうことは永遠にないだろう。

――ないと思います。

スヌーカ　シンガポールからハワイに戻って以来、俺はビール、ウイスキー、たばこ、コーヒーのたぐいをきれいさっぱりやめた。苦しんで死んだブラザーのことを考えると、嗜《し》好品《こうひん》を口にする気にはなれなかった。俺はもともと熱心なモルモン教徒だから、自宅に帰ってからワイフといっしょに教会へ行ってブラザーの冥福を祈った。

——……。

スヌーカ　でも、俺にはブラザーの代わりはできないし、するわけにもいかない。ブルーザー・ブロディはひとりしかいない。きっとブラザーも、俺にはいままでどおりの俺でいることを望んでいるはずだよ。俺もまた、俺の人生のつづきを闘わなければならない。いままでとちがっていることといえば、天国へいったブラザーのスピリットがいつもすぐそばにいてくれるということさ。

バーバラ・グディッシュが語る夫フランク

彼が愛したサンアントニオに住みます（1988年9月1日）

ブロディは「わたしが信じるのは妻のバーバラと息子のジェフリーだけだ」といつも語っていた。バーバラさんとジェフリーくんは、夫フランクが天国へ旅立ったあと、ジャイアント馬場&元子夫妻の招きで初めて日本にやって来た。そこは夫がいつも話して聞かせてくれた〝友人たちの国〟だった。

——ある人がブロディのレスリングをひじょうに〝音楽的〟と表現したことがあります。

クラシック音楽のようにテンポの速い旋律とスローなパートが交互にやって来て、そのアンバランスさが不思議な調和を保っているような。ご家庭では彼といっしょに音楽を聴いたりすることはありましたか。

バーバラ　とくに気をつけて音楽を聴くような時間はありませんでした。ご存じのように、フランクは家を空けることが多かったものですから、ツアーから帰ると息子といる時間をとても大切にしていました。ジェフが寝るまでいっしょに遊んであげて、わたしたちだけの時間をつくれるのは子どもがベッドに入ってからでしたね。

——ジェフリーくんは小学校の何年生でしたっけ？

バーバラ　この新学期から2年生になります。9月1日に始業式があって、学校はもうはじまってしまったのですが、ジェフが授業に出るのは来週の火曜からです。レイバー・デー（労働祭）が週末にありますし、学校のほうには「事情があって日本へ行きます」と伝えてあります。校長先生も、ジェフにとってはそのほうがいいだろうとおっしゃっていました。学校に行くのはつらいだろうと思います。たくさんの友だちがフランクのことを聞きたがるでしょう。子どもはほんとうに正直ですから。

——正直だからこそ、ときとして残酷になってしまう。

バーバラ　そうなんです。だから、なんの気がねもなく「ジェフ、キミのお父さん、死んじゃった」って。授業がはじまってしまえば子どもたちも忙しくなりますし、ジェフも学校に専念できるでしょう。

――そういえば、ブロディは家庭訪問の取材には決して応じませんでしたし、家族の写真も公開しようとしませんでした。

バーバラ　彼はブルーザー・ブロディとフランク・グディッシュのふたつのアイデンティティーを使い分けていました。私たちにとって、彼はいつもフランクでした。今回、こうして日本に来られたことは、息子にとって大きな収穫だったと思います。なぜなら、ジェフはブロディとはどんな人物であったかを知らないのですから。

――テレビで試合を観ることはあまりなかったのですか。

バーバラ　ジェフはまだプロレスに関心を示していないようです。ですから、全日本プロレスの方がたからご招待を受けたとき、果たしてわたしたちが日本に行ってもいいものなのかどうか迷いました。しかし、フランクにとって日本は生活の一部でした。彼がいつも話して聞かせてくれた日本の国をじっさいにこの目で見ることができて幸せです。もっとも、彼はいっしょではありませんが……。

――ブロディは、プライベートな時間を大切にするためにあえてテキサスのはずれにあるサンアントニオに住んでいたのでしょうか。彼のご両親がサンアントニオを訪ねてきたとき「お前はなんでこんな田舎に住んでいるんだ」といってたいへん驚かれたというエピソードを聞いたことがあります。

バーバラ　サンアントニオは田舎ではなくってよ(笑)。わたしたちの家は、サンアントニオから30マイルほど離れたボーニィという町にあるのですが、とても静かで平和なところです。でも、ちょっと足を延ばせばすぐ都会にも出られますし、家のまわりは自然にかこまれていて理想的な環境といえます。

――バーバラさんご自身もカントリーがお好きですか。

バーバラ　もちろん。フランクも都会はあまり好きではなくて、長いツアーから帰ると家のなかでリラックスすることを最高の喜びとしていました。

――ブロディは「この世でわたしが信用できるのはバーバラとジェフリーだけだ」ということばをくり返しくり返し口にしていました。

バーバラ　わたしとジェフがプエルトリコへ行ったのはそのためです。フランクは、わたしたちがすぐそばにいることを望んでいました。わたしたちだけに「グッバイ Good bye」をいってほしかったのです。告別式は日を改めてサンアントニオの教会で開きましたが、そのときは親族とごく親しい友人だけに集まっていただきました。レスラーでサンアントニオに来てくださったのはスタン・ハンセンとビッグ・ジョン・スタッドのふたりだけでした。彼らは、わたしがフランクと出逢う以前からの親友でしたから。

――さきほどのおはなしに戻りますが、日本でマスコミの取材を受けるときのブロディはシリアスな面ばかりが強調されていましたが、ご家庭でプライベートな時間を過ごすときになにか趣味はないのですかとお聞きしたら、テレビでやっている「株式市場」の番組を欠かさず観ることだと答えてくれました。

バーバラ　〝株〟は趣味以上のものですよ（笑）。毎朝、ウォール街の動きを気にしていたことはたしかですね。まあ、それは趣味といってもかまわないのでしょう。わたしからみると、トレーニングが趣味だったようです。家のなかにジムをつくってありましたし、ランニングを日課としていました。あとは庭でジェフと野球をやったり、バスケットボールをしたりですね。サンアントニオの家には5エーカーのグラウンドがありますから、スポーツならなんでもできました。

――ブロディにとって、ほんとうのライフというか、人生はその5エーカー（約6120坪）のなかにあったのですね。

バーバラ　ファンの方を嫌ったり、うるさいと思っていたわけではありませんよ。ただ、ちょっとだけ、ほんのちょっとだけのスペースが必要だったのです。5エーカーの庭では、だれにも邪魔されることなくジェフといっしょになって走ったり寝ころんだりしていたものです。いつも何千人という人のまえに出ていたんですもの、気をゆるめる時間も持ちたいはずでしょ。

——バーバラさんは〝ブロディ〟としての顔もまたよくご存じだったんでしょうね。

バーバラ　彼がツアーに出るときはいつもわたしが彼を車で飛行場まで送っていくことになっていたのですが、スーツケースをチェックインして、カウンターのなかに入ると、彼はもうブルーザー・ブロディでした。そして、遠征を終えてまた飛行場に帰ってきて、ゲートのなかから彼が出てきて、わたしにキスをしてくれると、彼はまたフランクに戻っていました。

——おもしろいですね。でも、ジェフリーくんがブロディとしてのお父さんをまったく知らなかったのは、なんとなく不思議な気もします。ぼくら日本人はブロディとしてだけのフランク・グディッシュと親しんできたわけですから。……ジェフリーくんは、目のあたりがお父さん似ですね。

バーバラ　よくいわれますね。目元だけでなくて、怒ったり、笑ったり、しょげたりするときの表情もフランクそっくりですよ。いまは髪を短くしてますが、長くすると後ろのほうがカールしていて、それがまた父親と同じなんです。

——ブロディは家にいるときは髪を後ろで結んでいましたか。

バーバラ　いつも必ずポニーテールにしていました。あれをほどいてしまったらブルーザー・ブロディになってしまうのです。彼はブロディとして亡くなったのです。したがって、プエルトリコでの葬儀はブロディとのお別れであり、先ほども申し上げたとおり、サンアントニオでの告別式は家族と親しい友人だけのものでした。フランクも、おそらくそうしてほしいと思っていたはずです。

――ジェフリーくんは、今回のもろもろのことをどのようにとらえているのでしょう？

バーバラ　父親の死、ということを？　わかっている、なにが起こったかはよくわかっていると思います。なぜなら、わたしといっしょにフランクの遺品をプエルトリコからサンアントニオに持ち帰ったのはジェフですから。プエルトリコまで行くかどうかの選択を、わたしはジェフの意志にまかせました。そして、彼は父親にグッバイをいいにいくことを望み、葬儀では棺《ひつぎ》を運ぶのも手伝いました。フランクのバッグのなかから彼に着せるTシャツを探したのもジェフです。フランクが日本でもらってきたTシャツのいくつかはジェフのお気に入りでもあって、よくフランクの目を盗んでは父親の大きなTシャツをパジャマ代わりにしていました。

――しっかりした子ですね。

バーバラ　ひょっとしたら、ジェフのほうがある意味ではわたしよりもフランクの死を深く理解しているんじゃないかしら。わたしには、いまでもフランクが「ただいま」といって家に帰ってくるような気がしますもの。彼は家を留守にすることが多かったから、ずっと昔からわたしはひとりでいる時間がとても長かった。だから、まだそのつづきをしているみたい。ジェフにとっては、ことしの夏休みは素敵なバケーションだったんじゃないかしら。学校が終わった6月からは父親がずっと家にいてくれたから。ジェフはベースボールの大ファンで、フランクは息子にせがまれてヒューストンのアストロドームまで4時間もドライブをしてアストロズ対ドジャースのゲームを観にいったわ。

——きょうもジェフリーくんは西武ライオンズのベースボール・キャップをかぶっていましたね。

バーバラ　来シーズンはわたしがジェフをベースボールに連れていかなくちゃ。フランクの体はなくなってしまったけれど、わたしには彼がジェフをどんな子に育てたかったかがよくわかっています。友人たちはわたしがオーストラリアへ帰るのかどうかを聞くけれど、わたしのホームはサンアントニオです。わたしはフランクが愛したあの町に一生住むつもりだし、フランクもジェフにはアメリカの教育を受けさせたいと考えていました。ジェフの人生はまだスタートしたばかりなのです。

第4章

ブロディは
どのように殺されたのか

ブロディ殺人事件 Got Away With Murder

あの日、いったいなにが起こったのか。ホゼ・ゴンザレスによる〝ブロディ殺人事件〟は計画的な犯行だったのだろうか。それとも突発的な凶行だったのだろうか。

ブロディがプエルトリコのサンファンに到着したのは事件の2日前の7月14日、木曜の午後だった。その日の夜は島内でスポット・ショー（ローカル興行）があり、ブロディはゴンザレス、ビクター・キニョネスと3人で1台の車に乗って試合会場に向かった。ツアー日程は14日から17日までの4日間の予定だった。

ゴンザレスはWWC（ワールド・レスリング・カウンセル）の役員で、バックステージではブッカー＝マッチメーカー、現役選手としてはマスクマンのジ・インベーダー1号といくつものアイデンティティーを使い分けていた。キニョネス——プエルトリコにおけるブロディのベストフレンド——は同団体の役員のひとりで、当時は営業部長のようなポジションにあった。14日の夜、ブロディとインベーダー1号はタッグを組んで試合に出場した。15日、金曜の夜はポンセでスポット・ショーがおこなわれ、この日もブロディはゴンザレス、キニョネスといっしょに試合会場へ移動。メインイベントはブロディ&カルロス・コロン対アブドーラ・ザ・ブッチャー&ダニー・スパイビーのタッグマッチだった。
14日も15日も、車のなかでも試合会場でもブロディとゴンザレスはふつうに会話を交わし、事件の予兆とみられるようなできごとはとくになかったという。

ブロディとゴンザレスの出逢い——ふたりが友人であったかどうかを論じることはむずかしい——は、事件から12年前の1976年までさかのぼる。キラー・コワルスキーの推薦でNWAフロリダからニューヨークにブッキングされたブロディは、1976年6月1日、ペンシルベニア州フィラデルフィアでおこなわれた〝チャンピオンシップ・レスリング〟の録画撮りでWWWF(現在のWWE)のTVショーにデビューした。

この時代のWWWFのテレビ番組制作は3週オンエア分の〝タメ撮り〟方式で、ブロディは6月5日放映回、6月12日放映回、6月19日放映回のうちの6月12日と6月19日の2週オンエア分のTVマッチに出場。6月12日放映回ではガイ・フラワーズ、6月19日放映回ではフランク・ウィリアムスという無名の選手と対戦し、それぞれ3分程度のファイトタイムでワンサイドな試合展開からフォール勝ちを収めた。ブロディが新リングネーム、ブルーザー・ブロディを名乗ったのはどうやらこの日からだった。

ゴンザレスもこの日、3週オンエア分のTVマッチに出場。ボボ・ブラジルとのコンビでロッキー・タメーヨ&ジョー・ジョー・アンドリュースとのタッグマッチに勝利（6月5日放映回）、ジョー・ジョー・アンドリュースにフォール勝ち（6月12日放映回）、バロン・マイケル・シクルナと引き分け（6月19日放映回）という記録が残っている。

6月5日オンエア分の録画撮りには、試合を観戦に来ていたという〝設定〟でモハメド・アリがゲスト出演した。ゴリラ・モンスーン対バロン・マイケル・シクルナのシングルマッチが終了――モンスーンが46秒でカウントアウト勝ち――したと同時にリングサイド最前列に座っていたアリがリングにかけ上がり、着ていたスーツとドレスシャツを脱いで上半身裸になり、蝶のように舞いハチのように刺すフットワークでモンスーンを挑発。怒ったモンスーンがエアプレーンスピンの体勢でアリを両肩に担ぎ上げるという番外戦の乱闘シーンが映像に収められた。アリ対アントニオ猪木の『格闘技世界一決定戦』（現地時間6月25日）の東京からのクローズド・サーキット衛星中継を3週間後に控えてのアメリカ国内向けのプロモーションだった。

ブロディは翌6月2日、ペンシルベニア州ハンバーグでおこなわれた〝オールスター・レスリング〟（6月5日、6月12日、6月19日の3週オンエア分）の録画撮りにも出場。2対1のハンディキャップ・マッチというデモンストレーション的な試合でボブ・シェーファー

&ジョニー・リベラと対戦した（6月19日放映回）。

1970年代のWWWFのTVショーは、現在の〝マンデーナイト・ロウ〟や〝スマックダウン・ライブ〟のようなスーパースターが総出演する連続ドラマではなく、基本的な番組内容はライブ興行の宣伝。有名なレスラーが無名の選手をあっというまにやっつける〝スクワッシュsquash〟と呼ばれるTVマッチが1時間番組のなかに7、8試合レイアウトされているのが定番のフォーマットになっていた。

この2日間のTVテーピングのあと、いったんNWAフロリダのツアーに戻ったブロディは、3週間後の6月22日、フィラデルフィアにUターンして〝チャンピオンシップ・レスリング〟の録画撮り（6月26日、7月3日、7月10日の3週オンエア分）に出場。このときはロバート・アルシュラ（7月3日放映回）、フランク・ウィリアムス（7月10日放映回）を相手にTVマッチを2試合消化した。

ゴンザレスはいつも〝そこ〟にいた

そして、それからさらに3週間後の7月13日におこなわれた〝チャンピオンシップ・レスリング〟（7月17日、7月24日、7月31日の3週オンエア分）の録画撮りではスタン・ローデイスというTVマッチ要員の選手と対戦（7月24日放映回）。

ここまで合計3回のTVテーピング――6月第1週から7月最終週まで9週オンエア分――は、映像による〝新顔〟ブルーザー・ブロディのイントロダクションで、ブロディ自身は7月16日、マサチューセッツ州ノース・アトルボロで開催されたハウス・ショーから正式にWWWFの東海岸ツアーに合流し、この日はスタン・ハンセン（ブロディよりもひと足早く4月からWWWFエリアをツアー）とのコンビでケビン・サリバン＆アイバン・プトスキーとタッグマッチでぶつかった。

当時のWWWFの試合記録を調べてみると、ブロディとハンセンは7月から8月にかけてメリーランド州ボルティモア、同州ノース・ダートマス、メイン州ポートランド、同州ロックランド、ペンシルベニア州スクラントンといった中都市でのハウス・ショーでもコンビを組み、ブルーノ・サンマルチノ＆アイバン・プトスキー、ヘイスタック・カルホーン＆ケビン・サリバン、チーフ・ジェイ・ストロンボー＆ビリー・ホワイト・ウルフ、ボボ・ブラジル＆スペシャル・デリバリー・ジョーンズらとタッグマッチで対戦している。

ブロディが超大型のニューカマーとしてニューヨークの〝総本山〟マディソン・スクウエア・ガーデン月例定期戦に初登場したのは1976年8月7日。大物悪党マネジャーのグラン・ウィザードをセコンドにつけたブロディは、全7試合中、第3試合というポジションでケビン・サリバンとシングルマッチで対戦し、2分29秒、アルゼンチン・バックブリーカーでこれを一蹴した。

同夜のメインイベントは、第5試合――興行終了後のニューヨーク市内の交通事情を考慮してこの時代のガーデン定期戦ではカード編成に関係なく午後9時30分ごろにメインイベントがおこなわれることが多かった――にラインナップされたサンマルチノ対ハンセンのWWWF世界ヘビー級選手権〝ケージ・マッチ〟（エスケープ・ルール）だ。この試合は11分11秒、サンマルチノが金網からのエスケープに成功して王座防衛。この日、ゴンザレスはドミニク・デヌーチとのコンビでマスクマン・チームのジ・エクスキューショナーズ1号＆2号（キラー・コワルスキー＆ビッグ・ジョン・スタッド）が保持するWWWF世界タッグ王座に挑戦し、2－1のスコアで敗れている。

ブロディは翌月、9月4日のガーデン定期戦でWWWF世界ヘビー級王者サンマルチノに初挑戦。16分19秒、ブロディが一瞬のロールアップでいったんフォール勝ちを収めたが、セカンドロープに足をかけての〝反則エビ固め〟が発覚し、判定がくつがえりサンマルチノが反則勝ちで王座防衛。ゴンザレスはこの日、前座の第3試合でケビン・サリバンとシングルマッチで対戦。20分時間切れドローという試合結果が残っている。

サンマルチノ対ブロディの再戦は1カ月後の10月4日のガーデン定期戦でおこなわれ、

〝テキサス・デスマッチ〟完全決着ルールが適用されたタイトルマッチは、14分45秒、サンマルチノがボディースラムの連発からブロディをフォールして王座防衛に成功した。ハンセンはこの日、ニコライ・ボルコフとのコンビでゴリラ・モンスーン&アイバン・プトスキーとタッグマッチで対戦し、7分15秒、場外カウントアウト勝ち。ゴンザレスは前座の第3試合に出場し、10分11秒、トニー・アルティモアにフォール勝ちしている。

サンマルチノ対ブロディのWWWF世界ヘビー級選手権試合がガーデン定期戦で実現したのはこの2回だけで、翌11月から1977年2月にかけての約4カ月間はメリーランド州ランドーバー（11月8日）、マサチューセッツ州ボストン（12月4日）、ニューヨーク州ロングアイランド（12月27日）、ペンシルベニア州ピッツバーグ（1977年1月7日）、ランドーバー（1月16日）、ロングアイランド（1月24日）、ペンシルベニア州フィラデルフィア（2月5日）などで同一カードのリターンマッチ・シリーズがおこなわれた。

ブロディとの最後のタイトルマッチから12週間後、サンマルチノは〝スーパースター〟ビリー・グラハムに敗れ、1973年12月から3年4カ月間にわたり保持した——1963年5月から1971年1月までの7年8カ月間の〝第1次政権〟と合わせると通算11年2カ月間——WWWF世界ヘビー級王座から転落（1977年4月30日＝メリーランド州ボルティモア）。いまになってみれば、サンマルチノとブロディの5カ月間の闘いは、41

歳の〝生ける伝説〟と30歳の〝未完の大器〟による限られた時間のなかでの奇跡的な遭遇だった。

マディソン・スクウェア・ガーデン月例定期戦にラインナップされるタイトルマッチは、ハリウッド映画の新作にたとえるならばレッドカーペットの〝プレミア上映〟にあたる。ガーデン定期戦のあとでボストン、ワシントンDC、フィラデルフィア、ボルティモアといった人気マーケットでのビッグマッチにラインナップされるタイトルマッチ・シリーズは〝ロードショー公開〟。ニューヨークにはニューヨークの〝華〟があって、ロードにはロードの風景があった。ビンス・マクマホン・シニアは、こういうオールドファッションなバーンストーミング＝巡業のおもむきをひじょうに大切にしたプロモーターだった。

ブロディは、ビンス・シニアから〝ブルーザー・ブロディ〟というリングネームを与えられた。1976年に――この時点ではまだキャリア2年数カ月のルーキー――フランク・グディッシュがニューヨークまでやって来て、マディソン・スクウェア・ガーデンのリングに登場していなかったとしたら、ブルーザー・ブロディというプロレスラーは存在していなかった。

ブロディがフルタイムで東海岸エリアをツアーしたのは1976年7月から1977年2月第1週までの約7カ月間。公式記録ではないが、現存する資料や文献などからリサーチ可能な試合結果のデータを集めていくと、ブロディはこの7カ月間に約130興行に出場。シングルマッチではサンマルチノ以外にゴリラ・モンスーン、チーフ・ジェイ・ストロンボー、アイバン・プトスキー、ビリー・ホワイト・ウルフ、マヌエル・ソト、スペシャル・デリバリー・ジョーンズといったベビーフェース・グループとそれぞれ複数回、対戦している。

ブロディが出場したガーデン定期戦、東海岸エリアのビッグマッチ、ニューヨーク近郊のスポット・ショー、TVテーピングなどのラインナップにたんねんに目を通していくと、ほぼ必ずといっていいほど前座のカードにのちの〝刺殺犯〟ホゼ・ゴンザレスの名を発見することができる。ブロディがWWWFのリングに上がっていた約7カ月間、ゴンザレスもつねに同じアリーナのなかにいたということである。

ブロディとゴンザレスは、ブロディがWWWFのツアー日程に合流してから8日後、シングルマッチで初対戦（1976年7月24日、ニューヨーク州ロングアイランド、ナッソー・コロシアム）。それから3日後にもスポット・ショーで対戦（同年7月27日、ペンシルベニア州スクラントン、カトリック・ユース・センター）。その後、同年12月10日のマサチューセッツ州ノース・アトルボロ（ウィスチーズ・スポーツ・アリーナ）でのスポット・ショーまで合計15回、シングルマッチで対戦している。いずれもノーTVのローカル興行でのひとコマだったため、映像も試合を撮影したスチール写真も存在せず、くわしい試合内容も不明だが、データ上はブロディの15勝0敗という結果だけが残っている。

ホゼ・ゴンザレスというレスラー

ゴンザレス（本名ホゼ・エルタス・ゴンザレス）は1946年3月18日、プエルトリコのサン・ロレンゾ出身。身長5フィート8インチ（約173センチ）、体重235ポンド（約105キロ）。ブロディが1946年6月18日生まれだから、誕生日はちょうど3カ月ちがいの同い年ということになる。1966年、20歳でデビュー。1976年の時点ではすでにキャリアは10年。1972年から東海岸エリアに定着していた。

WWWFのオフィシャル・プログラム（1974年2月25日号）に掲載されたゴンザレスの紹介記事には「プエルトリコはカリブ海に浮かぶ人口300万人に満たないちいさな島だが、これまでレスリングのグレーテスト・スターを何人も輩出してきた」「ペドロ・モラレス、ビクター・リベラ、マヌエル・ソト、そしていまホゼ・ゴンザレス。彼はスターのステータスを築きつつある」「ゴンザレスのスピードとサイエンティフィック・スキルが彼をトップの座に導くであろう」「すでにどこへ行っても人気者。1970年代の先頭を走るスターとして彼に注目したい」と記されている。

ペドロ・モラレスはサンマルチノの〝第1次政権〟のあとにニューヨークのチャンピオンになったプエルトリコ出身のエスニック・ヒーローだから、「……そしていまホセ・ゴンザレス。彼はスターとしてのステータスを築きつつある」という記述からは、1970年代半ばのある時期、ゴンザレスが〝スター候補〟であったことがうかがえる。

WWWFの東海岸エリアの興行にフルタイムで出場し、マディソン・スクウェア・ガーデン定期戦の常連メンバーでもあったゴンザレスは、スーパースターというわけではないが無名レスラーでもない、いわゆる中堅どころのベビーフェースだった。ゴンザレスをニューヨーク・エリアにブッキングしたのはゴリラ・モンスーンで、その主従関係からゴンザレスはガチガチのモンスーン派閥の〝構成員〟だったともいわれている。ブロディは、そのモンスーンとファイトマネー（小切手）のことでモメてWWWFを解雇された。

ブロディが新顔のメインイベンターとしてWWWFのリングに上がっていた約7カ月間、ブロディとゴンザレスはつねに近い距離にいた。ブロディはゴンザレスの存在をまったく意識していなかったかもしれないが、ゴンザレスのほうではブロディの存在を強く意識していたかもしれない。ゴンザレスにとって、ブロディはあとからニューヨークにやって来て——ビンス・マクマホン・シニアから新しいリングンネームをプレゼントされ——いきなりガーデン定期戦のメインイベントでサンマルチノのチャンピオンベルトに挑戦したキャリア3年足らずのルーキーだから、前座が定位置だったゴンザレスがそんなブロディに対して激しいジェラシーの感情を抱いたとしても不思議ではない。

ブロディが身も心もブルーザー・ブロディに変身していくプロセスのなかで、たまたまそこにいたゴンザレスは、ブロディが――おそらく無自覚に――踏みつぶしていった前座レスラーのひとりだったのだろう。しかし、そういうパズルのかけらだけでは〝点〟と〝点〟を〝線〟にしていく作業、つまり、ゴンザレスがいったいいつごろ、なにがきっかけでブロディに対して殺意を抱くようになったかを解明することはできない。

ゴンザレスは1977年、WWWFから故郷プエルトリコに戻り、WWCでマスクマンのジ・インベーダー1号に変身。翌1978年から同団体の役員となり、ドレッシングルームではブッカー＝マッチメーカーとして選手グループをまとめる立場になった。

ブロディが初めてプエルトリコに遠征したのは1984年。ブロディをWWCオーナー兼トップレスラーのカルロス・コロンに紹介したのはドリー・ファンク・ジュニアとテリー・ファンクのザ・ファンクスだった。しかし、じっさいにブロディをプエルトリコのツアーにブッキングしたのはファンクスではなく、ファイトマネーの交渉を含むビジネス上のネゴシエーションはブロディとコロンのあいだで直接おこなわれたとされる。

ブロディとハンセン――この時点では全日本プロレスでタッグチームとして活動――がコロン&アブドーラ・ザ・ブッチャーと対戦したタッグマッチは、サンファンのロベルト・クレメンテ・スタジアムに2万8000人の大観衆を動員（1984年6月2日）。同一カードの再戦（同年9月15日）、再々戦（同年10月15日）も2万人超の観客を集めた。

コロンは地元のヒーローで、ブッチャーはそのコロンの宿命のライバルであり友人という立ち位置。ブロディとハンセンのコンビはアメリカ本土からやって来た超大型ヒールだった。プエルトリコではグリンゴgringo――中南米、スペイン語文化圏からみた白人、とくにアメリカ人。よそ者。侵略者。アメリカ人兵士の軍服が緑色だったことに由来している――はいちばん嫌われる悪役だ。しかし、この3回のツアーのあと、ハンセンは全日本プロレスのスケジュールを優先するためにプエルトリコとの関係を凍結。ブロディはシングルプレーヤーとしてプエルトリコへの定期ツアーを継続することを選択した。

カルロス・コロンとの確執？

それまでヒールとしてプエルトリコのリングに上がっていたブロディがベビーフェース

に転向したのは――新日本プロレスを退団し、全日本プロレスに復帰するまでの日本における〝空白の期間〟にあたる――1987年春。グリンゴのヒール軍団に血だるまにされたインベーダー1号（ゴンザレス）を〝救出〟したことで、地元グループの助っ人的なポジションにレイアウトされた。プエルトリコのベビーフェースの〝大横綱〟はコロンで、インベーダー1号はコロンのすぐ下のナンバー2。しかし、ブロディがベビーフェースになると番付は〝張出横綱〟になるから、インベーダー1号とブロディの番付が逆転した。

ブロディがプエルトリコのレギュラー・メンバーだった1984年から1988年までの4年間、ブロディとコロンのあいだにこれといった政治的な衝突はなかったとされる。いちどだけふたりが口論をしているところをレスラー仲間に目撃されたのは1988年1月30日、ロベルト・クレメンテ・スタジアムでの試合後のワンシーンだった。

その日、ブロディはロッキー・ジョンソン――〝ザ・ロック〟ドゥエイン・ジョンソンの父親――とタッグを組み、ケンドー・ナガサキ&ミスター・ポーゴのザ・ニンジャ・エキスプレスが保持するWWC世界タッグ王座に挑戦した。ブロディはナガサキとポーゴにまったくといっていいほど試合をさせず、ナガサキのケンドー・スティック（竹刀）を奪い、その竹刀で日本人チームをメッタ打ちにして反則負けを喫した。試合終了後、コロンがベビーフェース・サイドのドレッシングルームに飛び込んできて「あのジャップ・コンビをキラーに仕立てるのに6カ月もかかったんだぞ。チャンピオン・チームだぞ。それをユーは3分で台なしにしてしまった。オレたちの苦労はどうなる? ビジネスをつぶすつもりか?」とブロディに怒りをぶちまけた。ブロディはコロンにこう答えたという。

「きょうのこの試合(の写真)はジャパニーズ・マガジンに載る。リングサイドに何人もフォトグラファーがいただろ。だから、彼ら(ナガサキとポーゴ)に花を持たせるような試合をするわけにはいかなかった。これはオールジャパン(全日本プロレス)のビジネス・マターなんだ」

1988年7月16日、ブロディは仲間レスラーたちといっしょに午後7時15分ごろ、バヤモンのファン・ロブリエル・スタジアムにやって来た。試合開始は8時半の予定だった。ベビーフェース・サイドのドレッシングルームは三塁側ベンチ後方で、ヒール・サイドのドレッシングルームは一塁側ベンチ後方。アウトドアの野球場で、リングはダイヤモンドのまんなかよりやや後方のセカンドベースのあたりに設営されていた。

ブロディは建物につくとまず三塁側ベンチに向かい、ダグアウトからスタジアム全体をながめた。ヒール・サイドの一塁側ベンチにボビー・ジャガーズの姿がみえたので、ブロディはジャガーズに手を振って「おー、ユーのカミさんも来てるのか? 試合のあと、メシでも食うかー？」と声をかけた。ふつうだったらベビーフェースとヒールが試合会場で仲よくおしゃべりをすることはまずない。レスリング・ビジネスのいちばん基本的なタブーのひとつである。プエルトリコでは、英語だったらいくら大声でなにを話してもだれも気にもとめないという感覚があったのかもしれない。ブロディとジャガーズは、ブロディがルーキー時代にアマリロをツアーしていたときの旅のパートナー——割り勘で1台のレンタカーを借りて、割り勘でガソリン代を払い、いっしょに移動する相棒——だった。

この夜のメインイベントは、WWCユニバーサル王者カルロス・コロンにアブドーラ・ザ・ブッチャーが挑戦した同タイトルマッチ。セミファイナルはロス・インベーダーズ1号&2号（ホセ・ゴンザレス&ロベルト・ソト）対ロン・スター&チッキー・スターのタッグマッチ。ブルーザー・ブロディ対〝デンジャラス〟ダニー・スパイビーのシングルマッチ、TNT（王者）対バディ・ランデル（挑戦者）のカリビアン選手権、ザ・ニンジャ・エキスプレス（ケン

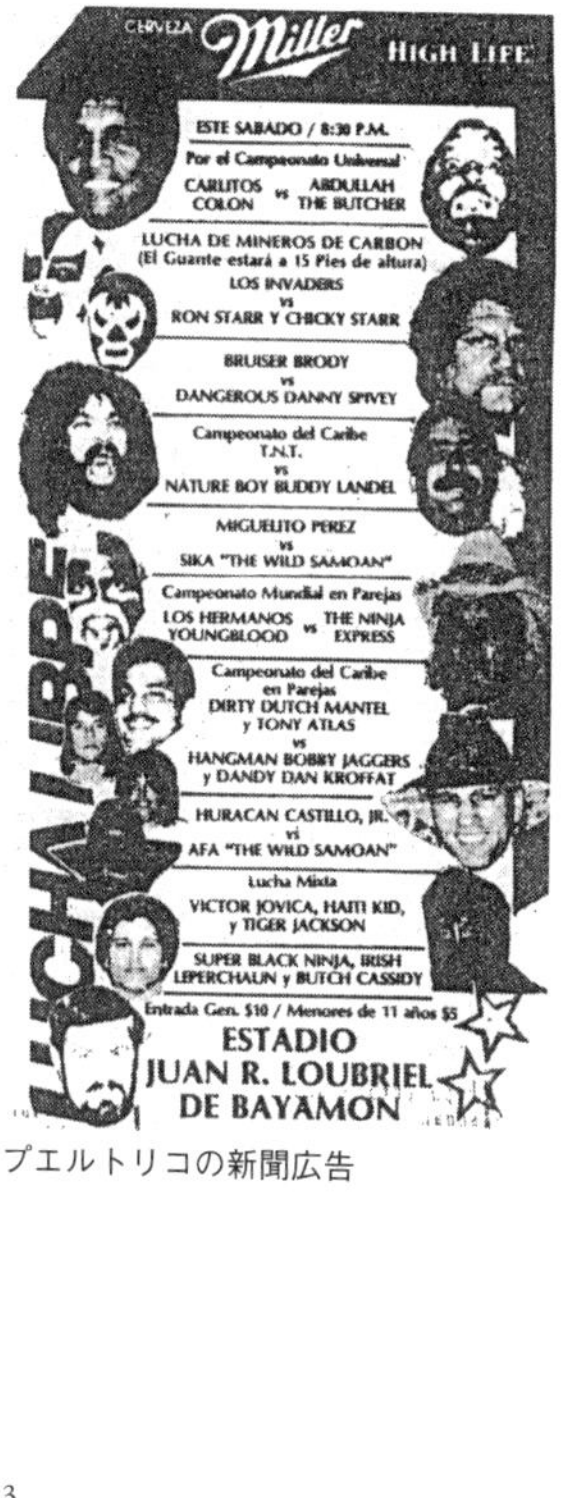

プエルトリコの新聞広告

ドー・ナガサキ&ミスター・ポーゴ＝王者チーム）対マーク・ヤングブラッド&クリス・ヤングブラッド（挑戦者チーム）のWWC世界タッグ選手権、トニー・アトラス&〝ダーティー〟ダッチ・マンテル（王者チーム）対ボビー・ジャガーズ&ダンディ・ダン・クロファット（挑戦者チーム）のカリビアン・タッグ選手権、ミゲル・ペレス・ジュニア対シカ・ザ・ワイルド・サモアン、ハリケーン・コステロ・ジュニア対アファ・ザ・ワイルド・サモアン、スーパー・ブラック・ニンジャ（武藤敬司）対ブッチ・キャシディーのシングルマッチ他、全10試合がラインナップされていた。事件があった日、ナガサキ、ポーゴ、武藤の3人の日本人レスラーもスタジアムのなかにいた。

ベビーフェース・サイドのドレッシングルームにいたとされるレスラーたちがインターネット・メディアで〝あの日のできごと〟を語りはじめたのは、事件から20年ほどの時間が経過した2007年ごろからだった。プロレスのニュースを扱うウェブ・マガジン、ポドキャスト番組（声の出演）、ユーチューブのオリジナル番組（動画）などで事件についてひんぱんにコメントしているのはトニー・アトラス、ダッチ・マンテル、サヴィオ・ヴェガの3人だ。〝目撃者〟ではなく〝当事者〟としての発言なのだろう。

トニー・アトラスは1954年、バージニア州ローノーク出身。ボディービルの〝ミスターUSA〟3回優勝の経歴を持つ1970年代型の〝筋肉マン〟だ。1974年7月、デビュー。ブロディとはルーキー時代にダラス、ヒューストン、アマリロのテキサス・エリアをいっしょにツアー。ウエートトレーニング仲間でもあった。事件当時は34歳。

ダッチ・マンテルは1949年、テネシー州ウェスト・メンフィス生まれ。1972年、デビュー。典型的なジャーニーマン・レスラーで、1970年代から1980年代にかけて南部のNWAテリトリーをくまなくツアーした。トレードマークはカウボーイハットと長いヒゲとムチ。日本では第一次UWF旗揚げ興行のメインイベントで前田日明とシングルマッチで対戦したアメリカ人レスラーとしてマニアの記憶に残っている。1990年に現役引退後はマネジャーに転向し、WWF（現在はWWE）では〝南部の保守派〟ゼブ・コルターというキャラクターを演じた。事件当時は38歳。

サヴィオ・ヴェガは1964年、プエルトリコのヴェガアルタ出身。1986年、デビュー。TNTのリングネーム――顔にペインティングをほどこしたマーシャルアーツの達人で忍者というキャラクター――で全日本プロレスの『世界最強タッグ』にアブドーラ・ザ・ブッチャーのパートナーとして初来日（1987年）。その後、日本では新日本プロレス、W★INGのリングにも上がった。1993年、WWFで〝カリビアン・スーパースター〟サヴィオ・ヴェガに変身した。事件当時はキャリア2年、23歳だった。

トニー・アトラスの証言

トニー・アトラスはこう証言する。

「あの前日、彼（ブロディ）はホセ・ゴンザレスといっしょに車に乗って試合に向かった」

「土曜の午後、俺がライド——試合場まで送ってもらうための知人の自動車——に会うために（パナマ・ホテルの）外に出たら、ブロディとダッチ・マンテルがホテルの玄関口の階段のところに座っていた。俺はブロディに『車を待ってるのかい？』と話しかけた。ブロディが『ホセが迎えにくることになっている』と答えたので、俺は『こっちの車に乗っていかないかい？　ホセが来たら（ブロディとマンテルは）俺たちといっしょにいったと伝えてくれるように、ホテルのフロントにはそういっておくから』というと、ブロディは『キミさえよければ、そうしてもらおうかな』と。それから、俺の友だちの車が到着して、ブロディは彼と彼の奥さんといっしょにフロントに座って、俺とマンテルが後部座席に座った。スタジアムに着くと、カルロス（・コロン）とビクター・ヨヒカ（WWCの共同オーナーのひとり）とホセはもう建物に来ていて、なにか3人で話し合っていた」

「俺は画を描くのが得意なんだ。友だち、知り合いの似顔絵だ。それで俺は（ドレッシングルームで）みんなに俺の作品をみせていたんだ。ブロディが『オレの息子の似顔絵を描いてくれないか』というんで、じゃあ、よく撮れている顔写真を1枚、貸してくれないかな、それをもとに描くから、なんて話していたんだ。しばらくしたら、ホゼが立ち上がってドレッシングルームから出ていった。それから2、3分して、ホゼがまた部屋に戻ってきた。そのときは、ホゼが（自分の）右手をタオルでくるんでいることに気がつかなかった。ホゼはシャワールームの前に立って『ブロディ、アミーゴ、ちょっと来てくれないかBrody, mi amigo, come here por favor』と声をかけた。ブロディは、ホゼのほうを向いて立ち上がって、シャワールームのほうに歩いていった。片方の手には息子の写真を持っていて、もう片方の手にはポーチ——財布、パスポート、手帳などの貴重品を入れたちいさなカバン——を持っていた。ブロディとホゼはシャワールームに入っていった」

「そのすぐあとだった。ガタガタッと物音がして、それからドレッシングルームにいた俺たち全員が〝ギャーアアアアアアーッ〟という悲鳴を聞いた。悲鳴は2度、聞こえた。2度めの悲鳴のあと、俺はすぐにシャワールームのところまで走っていって、ドアを開けた。カルロスも俺のすぐ後ろから走ってきた。ブロディが前かがみになって立っていた。パッとみると、ホゼがナイフを持っていて、ブロディのノド笛をかっ切るような格好で、そこに立ちはだかった。俺はとっさにブロディの腰のあたりを抱きかかえた。ホゼのナイフがブロディのポニーテールを切り落としかかった。カルロスが俺の前に飛び出してきて、ホゼを壁ぎわに押しつけた。ブロディは俺の耳元で『ブラザー、やられたBrother, I'm hurt』とつぶやいた。俺はブロディをゆっくりとフロアに寝かせて、両脚を開いて、ラクな姿勢にしてから『もう大丈夫だ、だれにもなにもさせやしない』と彼に話しかけた。カルロスがこっちに向かって歩いてきた。俺は『来るんじゃねーっ』と叫んだ。カルロスは『俺は関係ない。こいつらふたりのあいだのことだ』と答えた。それから、ホゼがドレッシングルームから出ていったのがみえた」

「警察官がドレッシングルームに入ってきた。彼らは笑ってたよ。レスリング・アングル（演出）だと思ったんだ。救急車がなかなか来ないので、だれかが地元のラジオ局に電話をして、そこから無線で救急車を手配してもらった。カルロスが『彼（ブロディ）とはなしをさせてくれ』というから、俺はブロディの体を支えながらカルロスのほうを向かせた。ブロディはカルロスに『俺の息子をよろしく頼む』と伝えていた。カルロスは『心配するな、俺がキミの息子を守るDon't worry, I'll take care of your son』と答えた」

「40分くらい待っただろうか。俺たちがスタジアムに着いてからそれほど時間はたっていなかった。観客がスタジアムに入ってきて、第1試合がはじまろうとしていた。ヤングブラッド兄弟が泣いていた。俺も泣くしかなかった。ドレッシングルームにいたほかの選手たちは着替えをしていた。ようやく到着した救急隊員は女性だった。救急隊の助手らしき中年の男性もいっしょに来た。その男も、女性の救急隊員も、ブロディを抱き起こすことはできなかった。だから、俺がブロディを抱きかかえて、階段を下りて救急車まで運んでいった。だれも手伝ってくれなかった。なんだかおかしなはなしだと思った。あれだけたくさんの白人がそこに突っ立っていて、黒人の俺がひとりでブロディを抱きかかえていたんだ。ブロディは俺にこういったよ。『落とさないでくれよ、ブラザーDon't drop me, brother』。俺は『心配するな、大丈夫だ』と答えた。救急隊員の女性が『どなたか付き添いで病院まで来てくれますか』というから、俺も救急車に乗っていくことにした。レスラー仲間のハリケーン・コステロ・ジュニアがそばに立っていたので、俺は彼のシャツの襟を思い切りつかんで、無理やり救急車に引っぱり込んだ。病院に行ったら通訳が必要だから『スペイン語を話してくれよ』と彼に伝えた。コステロ・ジュニアは、いやがっていたけれど、しぶしぶいっしょに来てくれた」

「病院に着くと、ブロディはすぐにベッドに寝かされた。俺は彼のクツを脱がせた。足が青くなっているのがわかった。だれも手当てに来てくれないので、俺はヒステリーみたいになって、医者を探した。その部屋には腹を刺された連中が何人も寝かされていた。そんなことは知らなかったが、プエルトリコではナイフで腹を刺されるなんて日常のできごとらしかった。俺たちは島のきれいな観光地しか知らなかったから。医者が部屋に入ってきたので、早くしてくれるように頼んだら、『すぐそちらへ行きます』とあしらわれた。俺はそいつをヘッドロックしてブロディが寝かされたベッドまで引っぱっていった。医者は『放してください。彼はあなたのお友だちですか?』と聞いた。俺は答えた。『そうだ、俺の友だちだ。早く診てくれ』。医者は英語が話せるようだった。彼はブロディに『いかがですか?』と聞いた。俺は部屋の外でしばらく待たされた。しばらくすると、その医者が廊下に出てきて『状態は安定しています』と教えてくれた」

アトラスは2時間後、病院からスタジアムに戻り、予定どおり試合に出場した。メインイベントのコロン対ブッチャーのタイトルマッチ、インベーダー1号&2号対ロン&チッキー・スターのタッグマッチもなにごともなかったかのようにおこなわれた。ブロディ対スパイビーのシングルマッチは中止となり、カードの一部が変更された。スタジアムにいた観客には事情説明のアナウンスメントはなかった。

ダッチ・マンテルらレスラー仲間の証言

ダッチ・マンテルは当時の様子をこう語っている。

「そのとき、俺はダグアウトに出て、スタジアムの客の入りをみにいっていて、ドレッシングルームにはいなかった。なにか悪いことが起きそうな、緊迫した空気をずっと感じていた。その不安の正体がなんなのか、どうしてもわからなかった。俺が席を外したのはほんの5分くらいだった。そのあいだに事件が起きた。だから、俺は犯行現場は目撃していない。その前日だったと思うが、ブロディが（プエルトリコの）オフィスの株を買ったとか、買う予定だとかそんなウワサを耳にした」

「ブロディは胸のあたりからひどく出血していて、傷口からあぶくが出ていた。だから、肺か腹膜を刺されたんだと思った。彼（ブロディ）は、トニー（・アトラス）に『妻と子どもをよろしく頼む』と話しかけていた。死ぬことがわかっていたんじゃないかな。その時点では意識ははっきりしていて、会話もできた。救急車よりも先に警察官が何人かドレッシングルームに入ってきた。しかし、彼らは応急処置もしようとしなかった。警察官が俺たちに質問をしているあいだ、カルロスとホセはそこ——ブロディはフロアに寝かされていた——に立っていた。おかしいだろ。ホセがやったことはみんな知っていたのに」

サヴィオ・ヴェガはホセの殺意について明確に証言している。

「オレはいつも早めに、5時か6時までに会場入りするのが習慣だった。ペインティングをしていない顔をだれにもみられてはいけないと考えていたから。だから、あの日もオレはほかの選手たちよりも先にドレッシングルームにいたんだ。ブロディとトニー・アトラスは、オレが座っていたところのすぐそばに荷物を置いた。ビクター・ヨヒカ（共同オーナーのひとり）はめったにオレたちのドレッシングルームには来ないのに、その日に限ってそこにいた。だから、カルロス（・コロン）、ヨヒカ、ホゼ（・ゴンザレス）の3人とも現場にいた。ホゼは殺《や》るつもりだったんだ。ホゼが『ちょっと来てくれないか』とブロディに声をかけ、ふたりはシャワールームに入っていった。これはめずらしいことではない。試合のことでも話すのかなと……。最初の悲鳴が聞こえたとき、オレはブロディがホゼを殴ったのかと思った。ふたりがシャワールームに入ってすぐだったから、ホゼは後ろから入ってきたブロディをいきなり刺したんだろう。完全な不意打ちだよ。まさかそんなことになるとは思ってもいなかっただろうから、ブロディは自分の身を守ることができなかった。ノー・チャンスだった。……オレがシャワールームのほうに走っていったときは、ヨヒカがホゼを後ろから羽交い絞めにしていた」

「ホゼは自動車のキーをつかんで、ドレッシングルームを出ていった。上はTシャツで、下は試合用のブルーのロングタイツをはいたままね。凶器のナイフを始末しにいったんだと思う。オレは（救急車を呼ぶために）公衆電話を探そうと思ってドレッシングルームを出た。スタジアムのとなりにロドリゲス・アリーナというコンサートホールがあって、そこのロビーに電話があったと思ったから。それからしばらくして、ホゼはなに食わぬ顔でドレッシングルームに戻ってきた。……救急車はなかなか到着しなかった」

周辺エリアの交通渋滞のせいか、救急車はいっこうにスタジアム内に入ってこなかった。機転を利かせてサンファン市内のラジオ局に電話をして、すでに島内に出動中の救急車を無線でスタジアムまで誘導するように指示を出したのはビクター・キニョネスだった。

事件から20年という時間がたっているため、記憶があいまいな部分もあるのだろう。トニー・アトラスの「コロンが俺の前に飛びだしてきてホゼを壁ぎわに押しつけた」という証言とサヴィオ・ヴェガの「ヨヒカがホゼを後ろから羽交い絞めにしていた」とする証言にはやや食いちがいがある。もちろん、カルロス・コロンもビクター・ヨヒカもそれぞれとっさの判断で〝同僚〟ホゼ・ゴンザレスを押さえつけようとしたのかもしれない。

ゴンザレスはこの事件の数カ月前――一説によれば1987年3月、3歳の息子（一説によれば娘）を水死で失った。自宅のプールで、しかも両親がすぐそばにいながら起きてしまった痛ましい事故だったため、ゴンザレスはそれからずっと精神的に不安定な状態にあったとする情報もある。

テキサス州サンアントニオのブロディの自宅の電話が鳴ったのはその夜の12時過ぎ（7

月17日未明）だった。バーバラさんは、夫がツアーに出ているときは、夜遅い時間の電話には出ないことをひとつのルールにしていたというが、その日はなぜかすぐに受話器を取った。電話はプエルトリコのカルロス・コロン夫人からだった。「たいへんな事故が起きました。ミスター・ブロディはしばらくこちらで入院することになるかもしれません。奥さまもすぐにサンファンまで来てください」という内容だった。

バーバラさんは「わかりました。どうもありがとうございました」といって電話を切ったが、イタズラ電話の可能性もあると思って、ブロディが宿泊しているホテルに電話を入れてみることにした。その日の午後、ブロディから家に電話があり、15分ほど話したときに月曜の朝まで滞在するホテルの電話番号をもらっておいた。

バーバラさんがサンファンのホテルに電話を入れると、フロントのオペレーターは――事件のことを知っていたのだろう――アメリカ人レスラーの部屋に電話を回した。そのとき、バーバラさんが話した相手がダッチ・マンテルであったかボビー・ジャガーズであったかははっきりしない。電話の向こう側の声は「アクシデントがありました。くわしいことはわかりません」とバーバラさんに話したとされる。バーバラさんはジェフリーくんを起こし、早朝の便で「お父さんに会いに」プエルトリコに向かうことを息子に伝えた。

ヴェガはこのように証言している。

「オレは試合が終わったあと、すぐに警察に向かった。午前3時か4時まで警察署にいた。オレは自分がみたことを全部、しゃべってきた」

「カルロスとホゼがこんな会話をしていたのを聞いたことがあった。カルロスがホゼに『あいつ（ブロディ）はお前のことをリスペクトしていない。いまのうちになにか手を打ったほうがいいぞ』と告げた。ホゼは黙ってそれを聞いていた」

アトラスはさらにこうふり返る。

「カルロスが（ホテルの）部屋にやって来て、『ブロディの部屋番号は？　ブッチャーから聞いてないか？』と俺に聞いた。俺はブロディの部屋番号を彼に教えてやった。カルロスが部屋から出ていった瞬間、すぐにわかった。ブロディは死んだんだと」

正当防衛が認められ無罪に

7月17日、午前5時40分、ブロディは入院先のリオ・ピエドラス・メディカル・センターの手術台の上で死去した。死因は胸部と腹部の裂傷箇所からの出血多量による循環血液量減少性ショック症候群。血液中からはアルコール類、違法薬物などは検出されなかったが、数種類の鎮痛剤を常用——左ヒジを骨折、右手の指2本を骨折したままリングに上がっていた――していたため、これらの薬剤の血液をさらさらにする効能が出血多量を早めたとする説もある。

アトラスは隠ぺい工作があったのではないかと語る。

「翌朝、俺は近くのジムにトレーニングに行った。パトロール中の警官がジムにやって来た。警官は俺にこういった。『たいへんだったな、ブロディが興奮したファンに刺されたって？』。なんだって？　俺はすぐにその場で事実を話した。そうしたら、警察署に行ってそのことを話したほうがいいといわれた。……俺はシカ、ザ・ワイルド・サモアンにいっしょに行ってもらうことにした。シカはなにも目撃してない。彼はあのときヒールのドレッシングルームにいたから。ベビーフェースとヒールは別べつのドレッシングルームだから。でも、俺はどうしても彼に警察署までいっしょに来てほしかったんだ。彼がいてくれれば――US海兵隊みたいなもんだ――だれも俺に手出しはしないだろうと思った」

「俺は警察著でこの目でみたことをすべてしゃべった。そのとき、だれとだれがドレッシングルームにいたかも話した。だから、あいつにも聞いてみろ、こいつにも聞いてみろ、と名前も全部教えてきた。ところが、あとから警察の事情聴取を受けた連中はみんな『なにも知らない』『なにもみてない』と口をそろえた。それじゃあ、まるで俺がウソをついているみたいじゃないか」

マンテルも同様の証言をしている。

「翌日、トニー・アトラスと俺がみんなを代表して警察署に行くことになった。俺たちのはなしを聞いた担当者は、アトラスの供述がまったく理解できないようなふりをした。TNT（サヴィオ・ヴェガ）は根性があるなあ、と思った。彼はすぐに警察に行って、犯人はホゼだと証言した。彼は地元の人間だから俺たちとは立場がちがったんだが」

「すぐには（プエルトリコから）出ていく準備ができなかったから、俺はまずは自分の身の安全のために、選手たちが泊まっているホテルから出て、島内の別の場所――ホテルではなくてコンドミニアム――に移った。俺はナーバスだった。怖かった。部屋の窓から外ばかりながめていた。カルロスとホゼが建物の階段を上がってくるような気がして、寝ていても、物音がするとすぐに飛び起きた。命が惜しかったんだ」

7月17日の夜、WWCはマイアグースでの興行を予定していた。事件のことはまだ公表されていなかったせいか、アリーナには1万人近い観客がつめかけていた。アメリカ人レスラーのグループはこの興行をボイコットし、会場には姿をみせなかった。なかには早朝の飛行機ですでに島から発った選手たちもいた。カルロス・コロンとホゼ・ゴンザレスは予定どおり興行をおこなうつもりで会場入りし、地元の選手たちも試合の準備をしていた。ところが、アメリカ人レスラーのほとんどが欠場したため、カードが組めず、この日の興行は当日の夕方になってキャンセルとなった。

「ホゼは興奮して、オレにこういったよ。『あの野郎（ブロディ）がまた生まれてきたら、オレがまた殺ってやる』とね。オレはカルロスにたずねた、きょうもショーをやるのかって。カルロスは『やる』と答えた」（ヴェガの証言）

「その夜、ＴＮＴ（サヴィオ・ヴェガ）が俺の部屋にやって来て、プエルトリコからすぐ出たほうがいいと忠告してくれた。俺は『あした、出ていくつもりだ』と答えた。ＴＮＴは『ノー！　いますぐに出なきゃダメだ』とアドバイスしてくれた」

「俺はそのころ、プエルトリコに恋人がいた。俺は彼女にいっしょに（アメリカに）来てくれるように頼んだんだけど、彼女の答えは『ノー』だった。俺は俺自身が置かれてる状況を説明したんだが、彼女は『よけいなことは話さないことよ』といった。俺が『もう全部しゃべっちまったよ』といったら、彼女は『シット！　だったら、すぐに出ていって。わたしは出ていかない。わたしは、アンタがよけいなことを話したせいで、家族と離ればなれになって暮らさなければならないなんてまっぴらごめんよ』と怒りをあらわにした。だから、そのまま彼女とは別れた」（アトラスの証言）

7月18日、月曜、午後9時。ホセ・ゴンザレスは第一級殺人罪と銃刀法違反の容疑で逮捕された。犯行に使われた凶器のナイフは発見されなかった。ゴンザレスは保釈金12万ドルのうち1万2000ドルを支払い、翌19日に釈放された。検察当局は公判は8月8日から開廷と発表した。プエルトリコに死刑制度はなく、殺人罪による最大禁固刑は懲役99年なのだという。ゴンザレスは犯行そのものは認めたが、動機については黙秘し、罪状についても裁判で争うかまえをみせた。

7月21日、木曜午前9時。サンファン市内のレビットタウン・メモリアル葬儀所でブロディの葬儀が営まれた。プライベート葬儀に参列したのはバーバラ夫人、ジェフリーくん、カルロス・コロン夫妻、ビクター・ヨヒカ、ビクター・キニョネス、テレビ番組の実況アナウンサーのヒューゴ・サビノビッチ、ケンドー・ナガサキなど近親者数名のみ。同日午後、遺体は火葬された。それはブロディの生前からの希望だったという。

その後、8月8日から予定だった公判は11月に延期され、さらに1989年1月に再延期された。ゴンザレスの罪状は第一級殺人罪から業務上過失致死に引き下げられた。ゴンザレスはこの裁判では証言台には立たなかったが、コロンは〝事件現場〟となった会社の責任者として出廷し「われわれの会社にはドレスコードがあるが、ミスター・ブロディはその規則に従ってくれず、いつもショーツとTシャツで試合会場に来ていた。彼はマリファナを吸っていた。彼はクレージーだった」と証言した。ゴンザレスは正当防衛との主張が認められて無罪となった。

「だれもが知っていたことだ。ホゼはリベンジのためにやったんだ。ドレッシングルームにいた人間はみんなわかっていた。シークレットでもなんでもなかった。……正当防衛だとさ。ブロディの試合（の映像）を持ち出してきて、こんな狂暴な人間が相手だったから正当防衛でしたと。裁判所はそれを信じてしまったんだ」（アトラスの証言）

「俺は裁判で証言するつもりだった。裁判は1月20日だったんだが、俺の家にプエルトリコの裁判所から召喚状が届いたのは1月21日だった」（マンテルの証言）

アブドーラ・ザ・ブッチャーはこの事件をこんなふうに総括している。

「ブロディは友人。ホゼも友人。カルロスも友人。みんな友人なんだ」

ブッチャーのロジックはこうだ。ブロディもホゼもカルロスも友だちで、友だちのうちのひとりが死んで、もうひとりの友だちが殺人犯として逮捕され、そのせいでプエルトリコのレスリング・ビジネスは崩壊の危機に直面した。3人めの友だちのカルロスがホゼを救ったことで、カルロスの会社とそこで働くレスラーたちとその家族はみんな救われた——。

プエルトリコでのブロディのベストフレンドだった〝リトル・ビクター〟ビクター・キニョネス（事件当時29歳）は、その後、WWCを退団して新団体IWAプエルトリコを設立。サヴィオ・ヴェガもWWCを離脱し、共同オーナーとしてキニョネス派IWAプエルトリコに合流した。キニョネスは、1990年代はプエルトリコと日本を行ったり来たりしながら、外国人選手のエージェント&団体プロデューサーとしてFMW、W★ING、IWAジャパンなど日本のインディー・シーンでその手腕を発揮し、新人の育成も手がけた。ブロディは生前、本気とも冗談ともつかない口調でキニョネスに「ユーとミーで日本で新団体をつくろう」と話していたという。

キニョネスは、事件から18年後の2006年4月2日、サンファンの自宅アパートメントで死んでいるところを訪ねてきた知人に発見された。46歳だった。

ゴンザレスは1989年春に現場復帰し、WWCのブッカーのポジションに戻ったが、数年後、カルロス・コロンと袂《たもと》を分かちIWAジャパンに移籍。2014年、68歳になってようやく引退し、新団体WWL（ワールド・レスリング・リーグ）の設立に参画。しかし、同年8月、何者かによって自宅が放火され家屋は半焼、ガレージに停めてあった自動車数台とモーターサイクルが全焼した。

ゴンザレスの周辺にまとわりついた不幸の連鎖のようなものは、いまでもつづいているということなのかもしれない。

第5章　ブルーザー・ブロディの遺したもの

ブロディの遺言　I am well aware that I will be forgotten

1988年7月17日、ブルーザー・ブロディはこの世を去った。その3カ月まえには日本にいて、生きていれば1カ月後の8月にもまた日本に帰ってくるはずだった。

ちょうど30年まえのできごとだから、たとえば、いま45歳のプロレスファンは15歳――中学3年生か誕生日が来ていない高校1年生――の夏に自分がよく知っている人の突然の死として「ブロディ急死」のニュースを体験した。ジョン・レノンが暗殺された日、カート・コバーンがピストル自殺した日、ダイアナ妃が交通事故死した日、あるいは〝9・11同時多発テロ事件〟が起きた日とよく似た感覚で、日本のプロレスファンはあの日をはっきりと記憶している。

あれほど一世を風びしたスーパースターが、ついこのあいだまであたりまえのように日本のリングで大暴れしていた〝超獣〟が、よく雑誌にインタビュー記事が載っていた〝インテリジェント・モンスター〟が、ツアー先のプエルトリコで刺殺された。殺人事件である。犯人がそれほど有名ではない〝ゴンザレス〟というレスラー仲間だったという事実もひじょうにショッキングだった。

アメリカでは『ブロディ BRODY;The Triumph and Tragedy of Wrestling's Rebel』と『ブルーザー・ブロディ BRUISER BRODY』という2作の伝記が出版されている。1作はバーバラ・グディッシュとラリー・マティシックの共著で、もう1作はエマーソン・ミューレイの著作。バーバラ・グディッシュはいうまでもなくブロディ夫人で、ラリー・マティシックはセントルイス在住のブロディの生前の親友のひとり。エマーソン・ミューレイはもともと映像関係の仕事をしていた人物で、実家の屋根裏の大掃除を手伝っていたときに古いプロレス雑誌がたくさん入った段ボール箱を発見し、懐かしくなってそこにしゃがみ込んで雑誌を読みはじめたら、血だらけのブロディ（の写真）と目が合ってしまい、閃光《せんこう》が体を突き抜けたような感覚をおぼえ、少年時代のヒーローだったブロディの本を書くことを決心したのだという。かんたんにいえば〝お告げ〟があったということなのだろう。

バーバラさんが『ブロディ』を執筆しようと思ったのは2000年ごろだった。パソコンを初めて買ってインターネットに目を通すようになったら、そこにはブロディに関するものすごい量の写真や映像、記事や書き込み、古い新聞や雑誌のコピーなどがあって、正しい情報もたくさんあったけれど、不正確な情報もたくさんあった。バーバラさんは妻の視点、家族の視点から、できるだけ正確なブロディ＝フランク・グディッシュの人物像を記しておこうと考えた。

共著のラリー・マティシックは、ミズーリ州セントルイスの興行会社セントルイス・レスリング・クラブで長きにわたり〝NWAの父〟サム・マソニックのパーソナル・アシスタントをつとめていた人物で、ブロディのセントルイスにおける連絡先でもあった。マソニックが1981年に引退すると、セントルイス・レスリング・クラブの運営はボブ・ガイゲル、パット・オコーナー、ハーリー・レイス、バーン・ガニアの4者による合議制となったが、マソニックの側近だったマティシックは新体制と対立し、新会社グレーター・セントルイス・レスリング・エンタープライズを設立。ブロディはインディペンデント（フリー）な立場で友人のマティシックの〝反乱〟に協力し、メインイベンターとして新団体のリングに上がったことがあった。

セントルイスというと日本の40代後半以上のマニア層にとっては〝世界最高峰NWAの総本山〟というイメージがあるが、ミズーリ州全体に広い興行テリトリーがあったわけではなく、じっさいは月に1回のキール・オーデトリアム定期戦を開催していただけのちいさなオフィスで、マソニックの側近としてこの定期戦をプロデュース、プロモートしていたのがマティシックだった。マソニックが引退すると、いずれもレスラー出身の4人の新オーナーはマティシックを興行担当から外すことを企てたが、マティシックは独立－新会社設立という形でセントルイスのローカル・シーンを守ろうとした。

ブロディにはどの土地にも信用できる友だちがひとりずついて、そういう人たちとの関係を大切にした。ダラスのブロディ担当はゲーリー・ハート——グレート・カブキとグレート・ムタの生みの親でもあった——で、私設マネジャーとしてブロディの年間スケジュールをしっかり把握していた。サンアントニオのブロディ担当はバック・ロブレイ。プエルトリコのブロディ担当はビクター・キニョネス。マネジャー的な役割ではないが、アマリロ時代のツアー仲間だったボビー・ジャガーズはブロディのよき理解者のひとりで、バヤモンの事件現場では、ブロディのスポーツバッグと貴重品の入ったポーチをだれよりも先にキープしておいて、あとからプエルトリコにやって来たバーバラ夫人に責任をもってその荷物を手渡すというひじょうに重要な役まわりを演じた。

『ブロディ』は全206ページ、20章のうちの9章が「バーバラの回想」で、あとの11章がマティシック執筆によるプロレスラー、ブルーザー・ブロディの伝記になっている。

いっぽう、『ブルーザー・ブロディ』(全211ページ)は、伝記というよりはブロディの幼なじみ、学生時代の友だち、レスラー仲間、関係者らのコメントを集めた〝評伝〟である。著者のエマーソン・ミューレイはジグソーパズルのピースを拾い集めるような作業を積み重ねてブロディのライフストーリーをつなぎ合わせた。ハイスクール時代のこと、学生時代のこと、プロ・フットボール選手をめざしていた時代のこと、テキサスの新聞社に勤務していた時代のエピソードが詳しく記されていて資料的価値の高い本になっている。『ブロディ』にはブロディとバーバラ夫人の出逢いから結婚生活までが描かれているが、『ブルーザー・ブロディ』にはブロディがウエスト・テキサス州立大在学中に知り合い、1968年から1970年まで2年間、結婚生活を送り、離婚後も1977年あたりまで友だちとして連絡を取り合っていたマリー・ニースという女性がフランク・グディッシュをよく知る証言者として登場している。ブロディとマリーさんが大学生だった1960年代の終わりは、アメリカじゅうでベトナム戦争の反対運動が起き、ウッドストックのロック・フェスティバルが50万人の観客を動員し、アポロ11号が人類初の月面着陸に成功した時代だった。ひょっとしたらブロディも、あのころのアメリカの若者たちがみんなそうしていたように、裾が大きく広がったベルボトムのジーンズをはいていたのかもしれない。

大激動だった1988年のプロレス界

1988年は、アメリカのレスリング・ビジネスが大きく変貌をとげた年でもあった。ブロディの死から4カ月後の同年11月、NWAの最大派閥だったNWAクロケット・プロモーション（ジム・クロケット・ジュニア代表）が〝テレビ王〟テッド・ターナーのTBS（ターナー・ブロードキャスティング・システムズ）に身売り。ジョージア州アトランタを本拠地に新団体WCW（ワールド・チャンピオンシップ・レスリング）が発足した。

WCWという社名は、それまでNWAクロケット・プロがTBSで毎週土曜の夕方にオンエアしていたTVショー〝ワールド・チャンピオンシップ・レスリング〟の番組名をそのままアダプトしたもので、ターナー・グループ企業傘下の〝プロレス事業社〟といった位置づけだった。

NWAクロケット・プロは、1986年から1987年にかけてNWAセントルイス、NWAセントラル・ステーツ（カンザスシティ）、NWAフロリダなど各地のNWA加盟テリトリー（ローカル団体群）を統合。前年1987年4月にはルイジアナ州、オクラホマ州、ミシシッピ州、アーカンソー州、テキサス州の一部（ヒューストン）を活動エリアとしていたMSWA－UWF（ビル・ワット派）を吸収合併し、契約選手数、興行テリトリーの広さ、年間興行数ともにそのスケールをいっきに膨張させた。

しかし、M&Aによるこの事業拡大計画が結果的に団体の経営を圧迫し、わずか1年7カ月後にはテレビ局による買収という形でNWAクロケット・プロは活動停止。先代ジム・クロケット・シニアの時代から数えると1935年から半世紀にわたり存続した〝老舗《しにせ》〟クロケット・プロモーションは消滅し、これと同時に〝世界最高峰〟と謳《うた》われたNWAも事実上解体――NWA世界ヘビー級王座はWCWが1993年まで管理・運営――した。ジム・クロケット・ジュニアはWCWの運営には参画しなかった。

新メジャー団体WCWが誕生したことでアメリカのプロレス界の勢力分布図は大きく塗り替えられ、ここから全米マーケットを舞台としたWWF（現在のWWE）とWCWの2大メジャーリーグ対立の時代がスタートした。

ブロディのアメリカにおけるホームリングだったダラスWCCW（ワールドクラス・チャンピオンシップ・レスリング＝フリッツ・フォン・エリック派）は、1989年8月、テネシーUSWA（ジェリー・ローラー＆ジェリー・ジャレット派）と合併。WCCWはUSWAダラスにリニューアルされ、このときにブロディの師匠である〝鉄の爪〟エリックはプロモーター業から引退した。

1960年代からNWA、AWA、WWWF（現在のWWE）のビッグ3のひとつとしてアメリカ北部から中西部、カナダの一部に広大な興行テリトリーを築いたAWA（アメリカン・レスリング・アソシエーション＝バーン・ガニア派）も1990年12月に活動停止―倒産。その30年の歴史にピリオドを打った。

ブロディは、こういった1980年代の終わりから1990年代初頭にかけてのアメリカのプロレス界の地殻変動を体験することなく天国へ旅立った。地方分権テリトリー型のビジネスモデルの終えんとＷＷＦとＷＣＷの２大メジャーリーグ体制のはじまりは、アメリカの多くのプロレスラーにとっては専属契約＝年俸制の新しいシステムを意味していたが、別の視点に立てば、それはブロディに代表されるようなインディペンデント（フリーエージェント）な立場のプロレスラーの〝絶滅〟を示唆していた。あくまでも〝ｉｆ〟の仮定になってしまうが、ブロディがその後、２大メジャーリーグのいずれかと専属契約を交わし、一所属選手の道を選択したとは考えにくい。

日本国内で「ブロディ死去」のニュースが活字となった7月18日から4日後、新日本プロレスのリングではアントニオ猪木が長州力に初のフォール負けを喫した（7月22日＝札幌中島体育センター）。そして、それから2週間後、猪木は藤波辰爾が保持するＩＷＧＰヘビー級王座に挑戦。60分時間切れのドローで藤波が王座防衛に成功した（8月8日＝横浜文化体育館）。〝88・8・8〟として語り継がれる昭和の最後の名勝負だった。

新日本プロレスは翌１９８９年（平成元年）４月、東京ドームに初進出し、５万３８００人の観客動員新記録を樹立（4月24日＝東京ドーム）。6月には猪木が参議院選への出馬を表明して新日本プロレス株式会社社長の座を勇退。7月24日の選挙では99万３９８９票を集めて当選し、日本初の〝国会議員レスラー〟となった。どうやら――ブロディにとってはライバルだった――猪木の時代は終わろうとしていた。

いっぽう、全日本プロレスのリングでは、1989年4月、インターナショナル・ヘビー級王者ジャンボ鶴田がPWFヘビー級王者&UNヘビー級王者スタン・ハンセンを下し3本のチャンピオンベルトを統一（4月18日＝東京・大田区体育館）。ここから平成の代名詞となる三冠ヘビー級王座の時代がスタートした。

この年の7月にはハンセンと天龍源一郎が初めてタッグを組み、鶴田&谷津嘉章を破り世界タッグ王座を獲得（1989年7月11日＝札幌中島体育センター）。ジャイアント馬場は、前年11月の『世界最強タッグ決定リーグ戦』では鶴田&ブロディ、天龍&ハンセンの混成コンビをタッグ・リーグ戦にエントリーさせる計画だったとされるが、ブロディの急死でこのプランはいったん宙に浮いた。鶴田&ブロディのコンビは実現しなかったが、ブロディの死からちょうど1年後に天龍&ハンセンの新コンビ結成は現実となった。天龍&ハンセンは、同年の『世界最強タッグ』で鶴田&谷津を下して同リーグ戦・初優勝を飾った（12月6日＝日本武道館）。

1989年10月、大仁田厚が新団体FMW（フロンティア・マーシャルアーツ・レスリング）を設立。1990年（平成2年）5月には天龍が全日本プロレスを退団して新団体SWS（スーパー・ワールド・スポーツ）に電撃移籍。日本のプロレス界も本格的に多団体時代に突入していく。ブロディは、こうした平成の日本のプロレス・シーンの移り変わりを目撃することはなかった。ブロディは〝昭和のスーパースター〟だったのである。

キーワードはインディペンデント

筆者は、本書を書きはじめる段階で、ブロディをインタビュー取材したときに録音したカセットテープをもういちど聴きなおしてみることにした。30年以上もまえのことだから、やっぱり何本かのカセットテープは発見することができなかったし、そのときの取材ノートも紛失してしまったものがあった。ホテルの部屋での会話もあったし、ホテル内の喫茶店でのワンシーンもあった。久しぶりにブロディの〝生の声〟と接した。

それは何回めかのインタビュー取材のときの録音テープだった（第2章参照）。いまになってみると、それはブロディの遺言といっていいメッセージであったような気がする。アントニオ猪木との試合について語ってもらったインタビューだったので、この数分間のやりとりは記事にはならなかった、どちらかといえば雑談のなかのコメントでしかなかった。キーワードは〝インディペンデント independent〟だ。

インディペンデントという単語を英和辞典でひっぱると【原義　下に（de）ぶら下がって（pend）いる状態（end）でない（in）頼りにしない independence（名詞）形容詞】①〈国

などが〉〔…から〕独立した、自主の、自治の、自由の、自主的な、支配を受けない②〈調査・助言などが〉中立公正の立場からの、独自の、第三者による③〔…と〕関係がない、他の影響を受けない④〈組織・テレビ・学校などが〉民営の、私立の、独立系の⑤〈人・人生などが〉〈他の人・物に〉頼らない、依存しない、自主的な⑥〈人が〉（経済的に）自立している、自活している〈収入・資産などが〉働かなくても暮らせるだけの⑦〈政治〉党派に属さない、無所属の⑧〈数学〉（量・関数などが）独立の⑨〈文法〉（節が）独立の⑩〈宗教〉独立教会派の、なんて出ている。

わたしは、わたしこそが最後のインディペンデント（独立した存在）であると考える。インディペンデントであるためのただひとつの方法は、その仕事においてベストであることです。わたしは最後のインディペンデントであり、これからもインディペンデントでありつづけるつもりです。ほかのレスラーはだれか（雇用主）のために働いています。わたしにとってはインディペンデントであることが心地よく、快適なのです。

インディペンデントであることがどれだけ困難であるか、人びとに理解されない場合があります。わたしは、わたし自身が自由でありつづけるために、ハード

に闘っています。わたし自身の価値を下げるような仕事はしません。だれのためにでも闘うというわけではありません。リーダーシップのある人間でいることができるか、リーダーシップのない人間でいるのか、そこに線引きをしなければなりません。

インディペンデントであり、なおかつトップのポジションに立つことはかんたんではありません。わたしはインディペンデントな立場でこのビジネスをつづけていきたいと考えます。わたしは、十分な報酬を得ることができ、わたしの才能が公正fairに評価される団体のリングにだけ上がります。公平 fair な評価をされないリングには上がりません。わたしにとってフェア fair とはそういうことです。ほかの多くのレスラーはそのようなオプションを持ち得ません。わたしはピープル――〝forのために〟ではなく〝withとともに〟――といっしょに仕事がしたいのです。

インディペンデントであることの真実とは、プロレスで生計を立てることもできるし、コンピューターのセールスマンとして生計を立てることもできるし、ジャーナリストとして生計を立てることもできるということです。わたしは、わたしの才能を正当に評価してくれるピープルといっしょに働きたいのです。わたしはわたし自身をセールスしようとは思いません。わたしのなかの倫理や私生活をだれかに売ってしまおうとは思いません。

いまから15年もすれば、わたしのような長い髪で、わたしのような大きな体で、わたしの2倍も動けるレスラーがもうひとり現れて、少年ファンたちがそのレスラーこそがグレーテストだと考える日がくることを、わたしは十分に承知しています。彼らはわたしのことなどおぼえてはいないでしょう。

この世に不滅というものはなにひとつありません。永遠の命というものもありません。いまから15年もたてば、わたしよりもはるかに優れたレスラーが10人は出現しているでしょう。いまプロレスを観ているピープルは、ブルーザー・ブロディのことなど忘れてしまうのです。人びとはテレビで新しいスターを観ていることでしょう。

これを理解するのは容易なことではありません。なぜなら、だれもがそれぞれの人生において、お金持ちになりたい、成功者になりたい、有名になりたいと考えます。いつか、わたしが70歳になったころ、わたしは忘れ去られるのだということをよくわかっています。ちゃんと知っているのです。だから、自分に正直になろうではないか。

I actually think I am the last independent. The only way you can be an independent, you have to be the best at what you do. I am the last independendet wrestler and I will stay independent. Everyone else works for somebody. I feel very comfortable being an independent.

Sometimes people don't understand how hard it is to be an independent. I work hard to have my freedom. I am not gonna work for less than what I'm worth. Not for anybody. Drawing a line between being a sheep or being a leader.

It is much harder to be an independent and be on top. I am in business as an independent, I only show up for a show when I'm being paid right and being treated fairly by the promotion. If I'm not treated fairly, I won't show up. And I think that's fair. Other guys don't have that option. I work WITH people.

The truth of it is, as a independent, either I can wrestle and make money or I can go sell computer and make money or I can go back to journalism and make money. I am going to work with people who will treat my talent fairly. I am not going to sell myself. I am not going to sell my morality or my personal life to somebody.

I am well aware that, 15 years from now, there is going to be another wrestler with long hair, a big body like mine, he is going to do twice as much as I ever did in the ring, and all the kids that are watching wrestling are going to think he is the greatest, and they are really not going to remember me.

You must understand in life that there is no such thing as immortality. Nobody goes on forever. Fifteen years from now, there's gonna be 10 wrestlers better than I ever was in the ring. People attending wrestling today are gonna forget Bruiser Brody. They will be watching a new star on TV.

A hard thing to understand. Because everybody wants to be something in life, everybody wants to be rich and successful and famous. Someday, when I'm 70 years old, I'm aware that I'll be forgotten. I know that. Be honest to yourself.

ブロディが筆者にこう話してくれたのは、ブロディがアントニオ猪木との5度めのシングルマッチを闘った前日のことだった。ブロディは「いまから15年もすれば……」と語ったけれど、１９８５年から数えて15年後は２０００年だから、その時点では遠い未来だったはずの15年後さえもうとっくに過去になってしまった。１９４６年生まれのブロディ

が「わたしが70歳になったころ……」としたのは2016年ということになるが、それももう過去である。

ブロディが「わたしのような長い髪で、わたしのような大きな体で……」と予言したプロレスラーは、ジ・アンダーテイカーのことかもしれないし、ローマン・レインズのことかもしれない。あまり知られていないエピードだが、アンダーテイカーのデビュー戦の相手はブロディだった（1987年3月）。場所はテキサス州ダラスのスポータトリアム。TVテーピング用の試合だったが、いくつかあるドレッシングルームの〝大部屋〟にやって来たブロディは、当時まだ22歳のルーキーだったアンダーテイカー――まだリングネームはなくて赤いマスクをかぶりテキサス・レッドを名乗っていた――をみつけると、「そこのユー、そうだ、ユーだ。ユーと試合をしよう」とアンダーテイカーをその日のTVマッチの対戦相手に指名したのだという。

アンダーテイカーがアンダーテイカーに変身するのは、それから3年後の1990年だから、ブロディがアンダーテイカーの物語にふれることはなかった。

現在進行形のWWEの主人公のひとりであるローマン・レインズは、元祖ワイルド・サモアンズ（アファ&シカ）の片割れアファ・アノアイの息子。ブロディが殺された日、アファとシカはファン・ロブリエル・スタジアムのヒール側のドレッシングルームにいた。

犯行現場の目撃者として事件の翌日、サンファン市内の警察署に向かったトニー・アトラスは、なにかあった場合のボディーガードとしてシカに同行を頼んだ。１９８５年５月生まれのローマン・レインズは、この時点ではまだ3歳。フロリダ州ペンサコーラの実家で、父シカのプエルトリコ・ツアーからの帰りを待っていたのだろう。ローマンはブロディのことを知っているだろうけれど、ブロディはもちろん、ローマンのことは知らない。


ジャイアント馬場も、ジャンボ鶴田ももういない。アブドーラ・ザ・ブッチャーは82歳で、アントニオ猪木は75歳。ドリー・ファンク・ジュニアは77歳になって、フロリダ州オカーラでレスリング・スクールを経営していて、いまでもたまに日本にやって来る。テリー・ファンクは74歳で、テキサス州アマリロの〝ダブルクロス牧場〟は手放してしまったけれど、アマリロ郊外のコンドミニアムで愛妻ヴィッキーさんと仲よく暮らしている。いちばんの親友のスタン・ハンセンは69歳になった。生きている人たちはみんな公平にトシをとる。ブロディは公平 fair という言葉が好きだった。

72歳になったブロディはちょっと想像しにくい。メインイベンターでなくなったらリングを降りる、ブロディのレスリングができなくなったらもうリングには上がらないと公言していたから、1990年代にはあっさり引退していたかもしれないし、ブロディを封印してフランク・グディッシュに戻ったのだとしたら、あのロングヘアもヒゲも切ってしまったかもしれない。あの日、プエルトリコから天国へ旅立ってしまったブロディは、永遠に42歳のままのイメージでぼくたちのなかに生きているのである。

エピローグ　For the best night of their lives

バーバラ・グディッシュさんと電話でおはなしをすることができた。30年まえ「フランクが愛したサンアントニオに住みます」と話していたバーバラさんは、現在（2018年6月）、フロリダに在住している。1999年にサンアントニオの家を売って、気候のいいフロリダに引っ越したのだという。生前から火葬――オーストラリアの習慣――を希望していたブロディの遺骨はサンアントニオで散骨された。それはきっとバーバラさんの選択だったのだろう。お墓はあえてつくらなかった。

バーバラさんは1988年8月にいちどだけ日本に来たときのことをよくおぼえていて、「フランクがいつもそうしていたのと同じルートをたどってジャパンに行きたい」と考え、サンアントニオからロサンゼルスに向かい、ロサンゼルスで一泊してからJALの直行便で東京まで飛んできた。成田空港では馬場元子さん――元子さんももういない――がバーバラさんとジェフリーくんを出迎えてくれた。

「日本のみなさまにはほんとうによくしていただきました」とバーバラさんはふり返る。

当時7歳だったブロディのひとり息子のジェフリーくんは、現在37歳。11月の誕生日が来ると38歳になる。プロレスに興味を持つことはなかったというが、10代のころは夏休みになるとハンセンの家にずっと泊まりにいったりしていたらしい。父親の親友だったハンセンは、ジェフリーくんにとっては親せきのおじさんのような存在なのだ。

ジェフリーくんはハイスクールを卒業するまでサンアントニオで暮らし、それからサウスカロライナに引っ越して、現在はまたテキサスに戻ってオースティンに住んでいる。友だちが経営するビルメンテナンスの会社に勤務していて、バーバラさんとジェフリーさんが会うのは、いまでは1年にいちどくらいなのだという。母親と息子には母親と息子だけの30年があったのだろう。純日本的な表現を用いるならば、バーバラさんはブロディが亡くなったあと〝女手ひとつ〟でジェフリーくんを育てた、ということになる。

バーバラさんは「わたしにはいろいろなファミリーがいます。レスリング・ファミリーがあって、ハーレーのファミリーがあって……」と語る。ブロディの死

30年まえにバーバラさんをインタビュー（1988年9月＝千葉・浦安のホテルにて）

後もバーバラさんは何人かのプロレス関係者とはずっと連絡を取っていて、プロレスラー&プロボクサーOBの親睦団体〝カリフラワー・アレイ・クラブ〟の正会員にもなっている。ことし4月にラスベガスで開催された年次総会にも出席してレスリング・ファミリーと旧交を温めた。

「もう40年のお付き合いになる方もたくさんいますから」

バーバラさんがハーレー・ダビッドソンに乗っているとは知らなかったので、モーターサイクルのことはあまりくわしくは聞かなかった。ふだんは近所のバーにカントリー・ミュージックのライブを聴きにいったり、ヨガのクラスに通ったりしているのだという。

「フランクのことをずっとおぼえていてくれてありがとう。彼は自由な魂の持ち主でしたHe was free spirit」

バーバラさんの声は、力強かった。

「フランクにはモットーがありました。それは、試合を観にきてくれたお客さまが人生最良の夜を過ごせるようにFor the best night of their lives、いつもそれだけを心がけて試合をしていました」

「人生最良の夜を過ごせるようにFor the best night of their lives ですね」

ブロディが日本に遺《のこ》したプロレスのサブカルチャーでは、やっぱり〝リベラ・ステーキ・ハウス〟についてふれておかないわけにはいかない。いまではプロレスラーとプロレスファンが集う場所として有名な〝リベラ〟のゴッドファーザーはじつはブロディだった。ここでいうゴッドファーザーとは〝(ジャンルの)生みの親〟というニュアンスである。

1980年ごろだったのだろう。全日本プロレスの来日外国人選手の東京での滞在先は品川の東武高輪ホテルだった。ブロディはある日、ホテルを出て、品川から高輪方面に向かって散歩し、五反田駅のそばの坂道の途中にあったちいさなステーキ屋〝リベラ〟を発見した。この店が〝リベラ〟の本店で、現在、目黒で営業している〝リベラ〟は初代オーナーの息子さんが経営しているが、1980年代は〝リベラ〟といえば五反田駅から徒歩7、8分のところにあるカウンターだけの狭いステーキ・ハウスのほうを指していた。

ブロディが〝リベラ〟の常連になってから全日本プロレスの外国人選手、新日本プロレスの外国人選手、日本人選手やプロレスファンもお店にやって来るようになった。当初のメニューは1／2ポンド、1ポンド、ヒレステーキの3品目だけだったが、プロレスラーがお店に来ると〝ヒレ1ポンド〟というメニューにはないアイテムが用意された。

ブロディとジミー・スヌーカが店内でとっ組み合いのケンカをはじめて、驚いたミスター・リベラが「お店が壊されちゃいますよ！」と当時、近所――山口百恵が住んでいたマンションの上の階――に住んでいたジャンボ鶴田に電話で救《たす》けを求め、ジャンボさんがふだん着のまま飛んできてふたりのケンカを止めたという信じられないようなエピソードもある。ブロディも、スヌーカも、ジャンボさんももういないから、このストーリーについて知っている人はもうほとんどいない。

ブロディは1974年4月、27歳と10カ月でプロレスラーとしてデビューし、1988年7月に現役選手のまま42歳でこの世を去ったから、そのキャリアは意外と短く14年3カ月だった。

なかなか原稿を書かない筆者を辛抱づよく待ってくれたビジネス社の唐津隆社長、編集スタッフのみなさんに深く感謝いたします。

2018年6月

斎藤文彦

初出一覧

『週刊プロレス』1984年11月27日号No.69（ベースボール・マガジン社）
『週刊プロレス』1985年4月9日号No.87（ベースボール・マガジン社）
『プロレス・アルバム・ガッツ・シリーズ23 猪木VSブロディ!!』1985年6月（恒文社）
『週刊プロレス』1985年10月29日号No.116（ベースボール・マガジン社）
『週刊プロレス』1985年11月5日号No.117（ベースボール・マガジン社）
『週刊プロレス』1985年11月19日号No.119（ベースボール・マガジン社）
『週刊プロレス』1985年12月3日号No.121（ベースボール・マガジン社）
『週刊プロレス』1988年5月17日号No.256（ベースボール・マガジン社）
『週刊プロレス』1988年5月24日号No.257（ベースボール・マガジン社）
『週刊プロレス』1988年5月31日号No.259（ベースボール・マガジン社）
『週刊プロレス』1988年9月6日号No.274（ベースボール・マガジン社）
『週刊プロレス』1988年9月13日号No.275（ベースボール・マガジン社）
『週刊プロレス』1988年9月20日号No.276（ベースボール・マガジン社）

参考文献

拙著『DECADEデケード　プロレスラー100人の証言集　上下巻』（ベースボール・マガジン社）1995年
拙著『レジェンド100　アメリカン・プロレス伝説の男たち』（ベースボール・マガジン社）2005年
拙著『みんなのプロレス』（ミシマ社）2008年
拙著『プロレス入門』（ビジネス社）2016年
拙著『プロレス入門Ⅱ』（ビジネス社）2017年
拙著『昭和プロレス正史　下巻』（イースト・プレス）2017年
拙著『フミ・サイトーのアメリカン・プロレス講座』（電波社）2017年
『BRODY: The Triumph and Tragedy of Wrestling's Rebel; Larry Matysik and Barbara Goodish』ECW Press, 2007
『BRUISER BRODY; Emerson Murray, edited by Scott Teal』Crowbar Press, 2007

本書をご購入いただいた読者特典！

ブルーザー・ブロディの
インタビュー音声（全編英語です）を
読者のみなさまにプレゼントします。

1985年10月3日
札幌決戦の前夜、東京にて

声　ブルーザー・ブロディ
インタビュアー　斎藤文彦
時間　約45分

パソコンからはこちら

http://bit.ly/2MUzQMT

ケータイ端末からはこちら

QRコード

にアクセス！

※約30年前のカセットテープから音声を抜き出しているため、一部聴きとりにくい部分があります。ご了解のうえ、アクセスをお願いします。
また容量が大きいため警告文が出る場合がございます。

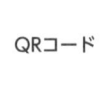

●著者略歴
斎藤文彦（さいとう・ふみひこ）
1962年、東京生まれ。プロレス・ライター、コラムニスト、編集者。オーガスバーグ大学教養学部卒(米ミネソタ州)。早稲田大学大学院スポーツ科学学術院スポーツ科学研究科修士課程修了。筑波大学大学院人間総合科学研究科体育科学専攻博士後期課程満期退学。プロレスラーの海外武者修行にあこがれ17歳で単身渡米。1981年より取材活動。『週刊プロレス』(ベースボール・マガジン社)創刊時から契約記者として参画。外国人選手のインタビュー記事、巻頭特集記事、別冊編集長などを担当。
近著に『プロレス入門』『プロレス入門Ⅱ』（以上、ビジネス社)、『フミ・サイトーのアメリカン・プロレス講座』（電波社)、『昭和プロレス正史　上下巻』（イースト・プレス）などがある。

写真提供／山内猛
表紙イラスト／梶山Kazzy 義博

ブルーザー・ブロディ～30年目の帰還

2018年７月18日　第１刷発行
2018年８月５日　第２刷発行

著　者　斎藤 文彦
発行者　唐津 隆
発行所　株式会社ビジネス社
〒162-0805　東京都新宿区矢来町114番地 神楽坂高橋ビル5階
電話　03-5227-1602　FAX　03-5227-1603
http://www.business-sha.co.jp

印刷・製本／三松堂株式会社　〈カバーデザイン〉大谷昌稔
〈本文組版〉茂呂田剛（エムアンドケイ）
〈編集担当〉本田朋子　〈営業担当〉山口健志

ISBN978-4-8284-2033-2

斎藤文彦の本

電子書籍版も絶賛発売中！

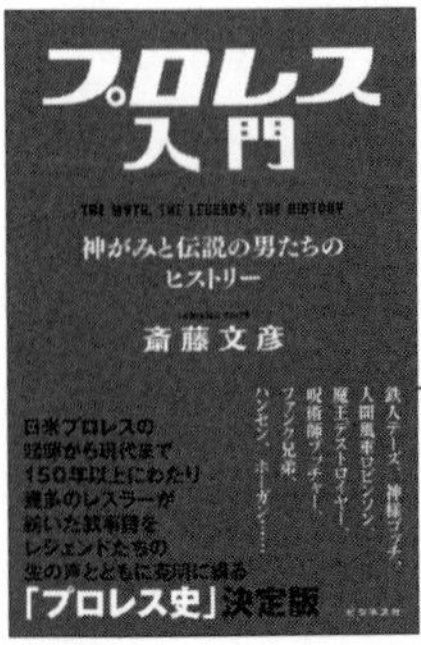

プロレス入門
神がみと伝説の男たちのヒストリー

定価　本体2800円＋税
ISBN978-4-8284-1907-7

「プロレス史」決定版!!

日米プロレスの起源から現代まで、150年以上にわたってレスラーたちが紡いだ叙事詩をレジェンドの証言とともに克明に記した「プロレス入門　歴史編」。

本書の内容

序　章　プロレスとは何か？
第１章　日本人とプロレス
第２章　プロレスの神がみ
第３章　伝説の男たち
第４章　プロレス世界史

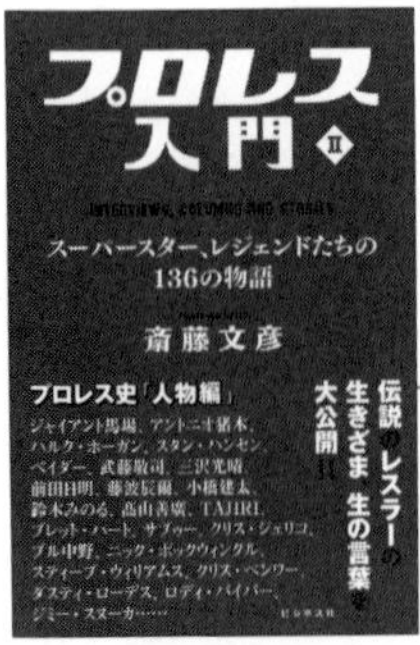

プロレス入門II
スーパースター、レジェンドたちの136の物語

定価　本体2800円＋税
ISBN978-4-8284-1948-0

フミ・サイトーが綴る
『プロレス入門』第2弾！

ジャイアント馬場、アントニオ猪木、ホーガン、ハンセン、ベイダー、三沢光晴、前田日明ら136人のレスラーたちの貴重な生の証言、生きざまを大公開。

本書の内容

第１章　ボーイズはボーイズ（日本人レスラー編）
第２章　ボーイズはボーイズ（外国人レスラー編）
第３章　ガールズはガールズ（日本人レスラー編）
第４章　トリビュート（天に召されたスーパースターたち）